Antje Reetz

Ein Kanarienvogel singt wieder

Breklumer Verlag

Antje Reetz
Sukoring 5
24107 Kiel
Tel. ~~0431/319 82 74~~ (0 43 56) 41 25 99

Umschlaggestaltung: Ingrid Engelmann
Herstellung: Breklumer Druckerei Manfred Siegel KG
ISBN 3-7793-1016-3

1941 im Wonnemonat Mai wurde ich in einem kleinen Dorf geboren. Eigentlich hätte es ein gutes Omen sein müssen, aber vielleicht hat es nicht ganz so geklappt, weil es der letzte Tag des Wonnemonats war.

Ich komme aus einer großen Familie. Wir waren vierzehn Geschwister, ich war das dreizehnte Kind. Gleich am Anfang des Dorfes wohnten wir in einem Haus, das meine Eltern in jungen Jahren gebaut hatten. Für die damalige Zeit war es ein schönes Haus, aber für unsere große Familie war es doch recht klein.

Zwei Kinderzimmer, ein Elternschlafzimmer, ein Wohnzimmer und eine Küche waren nicht gerade viel für uns alle. Es stand in einem großen Garten mit vielen Obstbäumen. Der Garten war damals sehr wichtig für uns, denn wir mußten Gemüse und Kartoffeln anbauen, damit wir alle satt wurden.

Meine Mutter war dafür bekannt, daß sie tüchtig arbeiten konnte, aber jeder wußte auch, daß sie ihren Mund genauso gut gebrauchen konnte wie ihre Hände.

Mein Vater dagegen, war als sehr ordentlich und ruhig bekannt. Er war mit seinen Geschwistern auf dem elterlichen Bauernhof aufgewachsen und hatte dieses Verhalten sicher dort mitbekommen.

Wir Kinder waren überall sehr beliebt, wenn es an die Arbeit ging, denn das hatten wir bei unseren Eltern gelernt. Ansonsten hat man sich nicht so um uns gerissen, denn wenn von uns einer kam, kamen meistens noch welche hinterher, und das wurde den Leuten schnell zu viel.

Es ist vielleicht für viele nicht zu begreifen, aber meine Mutter hat immer gesagt, daß sie sich zu jedem Kind, das von ihr geboren wurde, gefreut hat. Und wenn ich über ihr Leben nachdenke, glaube ich es sogar, denn sie hatte es sehr schwer.

Ihre Großeltern hatten sie großgezogen. Mit zwölf Jahren kam sie dann zu einem Großbauern in Stellung, wo sie immer schwer arbeiten mußte. Lohn bekam sie dort nicht, sondern alle drei Monate etwas Kleidung, die sie bei der Arbeit gebrauchte. Außerdem bekam sie täglich Essen und eine Kammer, in der sie schlafen konnte. Nichts von dem, was sie machte, war gut genug, und ich glaube sie war stolz darauf, daß sie in der Lage war, so viele Kinder zu bekommen.

Ich erinnere mich noch gut daran, als meine jüngste Schwester geboren wurde. Als ich in das Wohnzimmer kam, wo meine Mutter auf der Couch lag, stand da plötzlich ein weißer Kinderwagen. Um hinein sehen zu können, mußte ich auf das Rad des Kinderwagens steigen, denn ich war noch sehr klein. Keine drei Jahre war ich alt. Ich wunderte mich über das kleine Baby mit den schwarzen Haaren und fand es sehr süß, denn es sah aus wie eine Puppe.

Ich sah jetzt immer zu, wie meine Schwester gestillt wurde. Zu schön wäre es gewesen, wenn meine Mutter mich auch einmal auf den Arm genommen hätte. Das geschah aber nicht und darüber war ich sehr traurig.

Obwohl die Zeit sehr schlecht war, ging ich eine kurze Zeit in den Kindergarten. Die Freundin meines Bruders war dort Kindergärtnerin und nahm mich mit. Ich ging gerne in den Kindergarten, denn es gab dort Spielsachen und wunderhübsche Perlen, die ich zu einer Kette aufzog.

Wenn Fliegeralarm war, mußten wir uns in einem Bunker, der neben dem Kindergarten war, unterstellen. Nachts kletterten wir bei Fliegeralarm in den tiefen Brunnen der Meierei. Wir mußten an einer Eisenleiter herunterklettern und es war kalt und feucht darin. Der Kindergarten wurde dann aber bald geschlossen, weil die Räume als Wohnungen für die Flüchtlinge gebraucht wurden.

Es war eine schlechte Zeit, jeder versuchte, so gut wie es ging zurecht zu kommen. Alle hatten Angst um ihr Eigentum, denn mit dem Stehlen nahm es zu. Bei uns wurde auch eingebrochen. Man stahl uns sogar das Schwein, das schon geschlachtet im Keller in der Pökeltonne lag. Es war eine schlimme Zeit. Kinder bestahlen ihre eigenen Eltern und verkauften die Sachen dann auf dem Schwarzmarkt um an Geld zu kommen. Man konnte in dieser Zeit alles gebrauchen.

Ich erinnere mich daran, daß sogar die Zuckersäcke aufgeräufelt wurden, um daraus Pullover zu stricken, obwohl das Garn sehr hart war, so daß die Pullover abgefüttert werden mußten. Dazu nahm man den Schaft von alten Damenstrümpfen. Ich mußte dann immer auf dem Zuckersack sitzen, damit der nicht verrutschen konnte.

Aus alten Fahrradschläuchen mußten wir Gummiringe schneiden, die dann für Lockenwickler und Marmeladengläser gebraucht wurden. Die Lockenwickler wurden aus Holz geschnitzt.

Kartoffelmehl machte man auch selber. Die Kartoffeln lagen dann auf Bettlaken zum Trocknen.

Ein Freudenfest war es immer, wenn Sirup gekocht wurde. Die Zuckerrüben wurden erst vorgekocht und dann gepreßt. Von dem Saft wurde Sirup im Waschkessel gekocht. Am Rand des Kessels brannte der Sirup immer fest, wenn dieser dann kalt war, schmeckte er fast so gut wie Bonbon.

Ziemlich früh wurde ich an Aufgaben herangeführt. Ich ging noch gar nicht zur Schule, als ich zum ersten Mal Gemüsebeete jäten mußte. Mir wurde eine kleine bestimmte Pflanze gezeigt, so daß ich wußte, das alles, was so aussah, stehenbleiben mußte. Alles was nicht so aussah wie die Pflanze, mußte ich herausziehen. Wenn du davon etwas essen willst, wenn die Pflanze groß ist, wurde mir dann gesagt, mußt du erst dafür sorgen, daß es wachsen kann. Mit meinem Wachsen wuchsen auch meine Aufgaben. Schnell lernte ich, daß ich für alles, was ich haben wollte, etwas tun mußte. Holzkasten auffüllen, Kaninchenkraut pflücken und kleine Botengänge erledigen, waren Selbstverständlichkeiten.

Die Erinnerung an meinen Vater ist immer mit einem traurigen Gefühl verbunden, denn ich kannte ihn nur krank. Ich sehnte mich immer nach seiner Nähe, aber ich konnte nicht an ihn herankommen. Es stand immer etwas zwischen uns. Vielleicht war es seine Krankheit. Am Anfang meiner Erinnerung hat mein Vater noch etwas am Haus oder im Garten getan.

Einmal teerte er das Stalldach. Ich wäre gerne bei ihm geblieben, aber ich konnte den Geruch von dem Teer nicht ab.

Ich bekam Kopfschmerzen und mir wurde übel. Genauso erging es mir, wenn die Fenster neu gestrichen wurden.

Beim Äpfelpflücken ging es besser. Ich durfte die Äpfel dann, nachdem ich schon beim Pflücken geholfen hatte, auf dem Dachboden auseinanderlegen. Sie mußten alle mit der Blüte nach oben liegen und wurden dann mit Zeitungspapier zugedeckt. Die Zeitung sollte die Äpfel vor Frost in den kalten Monaten schützen. Wenn wir dann einen Apfel essen durften, hob mein Vater mich hoch, so daß ich durch die Bodenluke auf den Dachboden klettern konnte. Für jeden reichte ich dann einen Apfel herunter. Da ich einmal so einen großen Hunger hatte, versteckte ich mir einen Apfel in der Hose. Als mein Vater mir wieder herunter half, merkte er, daß ich einen Apfel in der Hose hatte. Geschimpft hat mein Vater nicht, aber er machte mir klar, daß ich meine Geschwister bestehlen würde, wenn ich jedesmal einen Apfel mehr nahm.

Es machte mich glücklich, wenn ich etwas mit meinem Vater zusammen machen durfte. Beim Kartoffeljäten saß mein Vater immer auf einem kleinen Hocker, denn er konnte sich nicht so lange bücken. Ich bemerkte, wie schwer ihm die Arbeit fiel, und er tat mir leid.

Hühnerküken hatten wir damals auch immer. Ein Küken war besonders klein und wurde immer von den anderen Küken umgestoßen, wenn es zum Futternapf wollte. Ich fragte meinen Vater, ob ich das Küken haben könnte. Er gab es mir mit der Bemerkung, daß das Küken es doch nicht schaffen würde. Ich nahm meine Mütze, setzte das Küken hinein und legte die Mütze dann auf die Backofentür, damit das Küken es schön warm hatte. Am nächsten Morgen war mein Küken weg. Mein Vater sagte mir, es wäre gestorben, was ich nicht glauben konnte. Draußen auf dem Misthaufen fand ich es dann aber. Ich habe es im Garten begraben, denn ich wollte nicht, daß es so herumlag. Alle lachten über mich, denn es konnte keiner begreifen, daß ich traurig sein konnte, weil mein Küken gestorben war.

Einmal war ich mit meinem Vater in einem Wald, um Himbeeren zu pflücken. Einer meiner älteren Brüder war auch mit. Ich hatte meine Kanne schnell vollgepflückt und mein Vater lobte mich abends vor den anderen. Ich erinnere mich nicht daran, daß ich später zu Hause noch einmal gelobt wurde.

Als mein erster Zahn plombiert werden mußte, ging mein Vater mit mir zum Zahnarzt. Damals bekam ich meine erste Amalgam-Füllung. Später hatte ich in jedem Zahn, außer in den Schneidezähnen, Amalgam-Füllungen. Nachdem ich beim Zahnarzt fertig war, schenkte mein Vater mir einen Apfel, den ich mir in einem Kiosk, der in dem Haus beim Zahnarzt war, kaufen durfte.

Danach kannte ich meinen Vater eigentlich nur noch im Bett liegend. Die Jahre, die dann kamen, waren Jahre der Angst, der Hoffnung und der Enttäuschung.

1947 bin ich zur Schule gekommen. Schon lange hatte ich mich darauf gefreut, denn ich wollte gerne zur Schule gehen. Bald mußte ich enttäuscht feststellen, daß ich auch dort nicht so wichtig war. Es kam nicht so sehr darauf an, welche Leistung man brachte, sondern darauf, wieviel Wurst und Schinken man mitbringen konnte. Das aber konnten nur die Kinder von den Bauern. Ich konnte nichts mitbringen, wir hatten nichts. Wir hatten alle selber Hunger. Zu der Zeit wurden noch drei Jahrgänge in einem Klassenraum unterrichtet, dem entsprechend war der Unterricht auch. Zwei Schuljahre bestanden meistens aus Wiederholungen. Bei uns zu Haus kümmerte sich keiner um die Schule, und die Hausaufgaben waren Nebensache. Bevor es Zeugnisse gab, waren alle Kinder aufgeregt. Damit hatte ich keine Probleme, denn bei uns wurde nicht einmal nach dem Zeugnis gefragt. Wenn die Ferien vorbei waren, gab ich meiner Mutter das Zeugnis zum Unterschreiben, damit ich es dem Lehrer vorlegen konnte. Ich glaube, meine Mutter hat gar nicht darauf geachtet, wie mein Zeugnis war, gesagt hat sie jedenfalls nie etwas. Und deshalb war es eigentlich egal, ob ich gut oder schlecht in der Schule war.

Als ich acht Jahre alt war, heirateten zwei Schwestern von mir. Eine Doppelhochzeit kam nicht so oft vor. Das halbe Dorf wurde eingeladen um mitzufeiern. Meine jüngste Schwester und ich übten mit unseren Spielgefährtinnen aus der ganzen Nachbarschaft Reigen ein, die wir dann am Hochzeitstag vortanzten.

Da mein Vater zu dieser Zeit schon schwer krank war, wurde ein Saal gemietet, wo mein Vater, auf einem Sofa gebettet, der Trauung beiwohnen konnte. Meine beiden Schwestern hatten geliehene Hochzeitskleider an, denn es gab nichts zu kaufen. Auch der Schleier, den sie trugen, war geliehen, und sie mußten aufpassen, damit nichts beschädigt wurde. Nach der Trauung gab es Essen. Eine Tischordnung gab es wohl nicht, denn ich suchte mir einen Platz neben einer Frau, die oft zu meiner Mutter kam. Danach tanzten wir unsere Reigen vor und dann mußten alle Kinder nach Hause.

Eine meiner Schwestern zog gleich zu ihrem Mann. Die andere hatte aber noch keine Wohnung und wohnte deshalb mit ihrem Mann bei uns zu Hause in der Waschküche. Da meine Mutter Flüchtlinge aufgenommen hatte, war kein Zimmer mehr frei, wo sie hätten wohnen können. Der Schweinestall wurde provisorisch ausgebaut, damit wir vier jüngsten Geschwister darin schlafen konnten, während die Flüchtlinge in den schönsten Räumen des Hauses wohnten. Nämlich im Wohnzimmer und in dem Elternschlafzimmer. Einige meiner älteren Geschwister schliefen eine Zeit lang in einer Holzveranda, die am hinteren Teil des Hauses angebaut war. Es war dort im Winter eiskalt und alle froren sehr.

Meinem Vater ging es jetzt immer schlechter, ich litt mit ihm und saß oft an seinem Bett. Ich freute mich, wenn ich ihm etwas zu essen oder trinken ans Bett bringen durfte, und ich war froh, wenn er etwas aß. Wollte er einen Apfel essen, mußte er ihn erst abschälen und ich war dann glücklich, wenn ich die Schale essen durfte.

Da ich ihn immer beobachtete, konnte ich seine Gebärden gut deuten. Hatte er die Hände hinter dem Kopf verschränkt, wußte ich, daß ihn irgend etwas stark beschäftigte. In so einem Augenblick sagte er einmal zu mir, ich solle mit meinen großen Geschwistern in die Tanzschule gehen, er wolle, daß ich das Tanzen lerne.

Da wir kinderreich waren, bekamen wir einen vergünstigten Preis, so daß es für mich nicht viel kostete. Obwohl ich noch sehr klein war, ging ich mit. Manchmal tanzte mein großer Bruder mit mir. Er hob mich dann so hoch, daß meine Füße den Boden gar nicht berührten. Ich schwebte durch die Luft, das machte mir einen riesigen Spaß.

Manchmal mußte ich in die Apotheke, um Medikamente für meinen Vater zu holen. Ich durfte dann das Fahrrad von meinem Vater nehmen. Er sagte mir aber, ich dürfte es keinem anderen geben. Die Apotheke war drei km von unserem Ort entfernt und es war sehr anstrengend für mich, denn ich war zu klein, um über die Stange des Herrenrades zu kommen, so mußte ich seitlich unter der Stange hindurch treten. Als ich wieder einmal aus der Apotheke herauskam, stand einer meiner älteren Brüder da. Ich hatte gleich ein unangenehmes Gefühl, denn mit diesem Bruder gab es zu Hause immer Ärger. Ich mußte mich auf die Stange des Rades setzen, und so fuhr ich mit meinem Bruder nach Hause zurück.

Dort angekommen, stieß mein Bruder mich von dem Fahrrad herunter und fuhr weiter. Ich war unglücklich, denn ich hatte meinem Vater versprochen, niemandem das Fahrrad zu geben. Mit schlechtem Gewissen schlich ich zu meinem Vater und erzählte ihm alles. Mein Vater schimpfte nicht mit mir und ich war froh, daß ich so gut davon gekommen war.

Meine Mutter war sehr unbeherrscht, und ich mußte oft zusehen, wie sie meine großen Geschwister schlug.

Eine meiner Schwestern hatte besonders dicke Zöpfe. Wenn meine Mutter in Wut geraten war, zog sie diese Schwester, die dann auf der Erde lag, an den Zöpfen durch die Wohnung und schlug auf sie ein. Ich habe mich dann immer schnell versteckt. Aus Angst, daß ich auch Schläge bekommen würde, habe ich mich immer bemüht, alles richtig zu machen. Geschlagen hat meine Mutter mich nicht, denn ich hatte gelernt, mich so zu verhalten, wie sie es haben wollte.

Später brauchte ich nur noch ihre Augen zu sehen, um zu wissen, was ich sollte. Sie sah mich an und dann zu dem was gemacht werden sollte und so wußte ich Bescheid.

Die schönste Erinnerung an meine frühe Kindheit ist der heilige Abend. Zu der Zeit war mein Vater noch dabei. Es roch dann wunderbar nach Rotkohl und Schweinebraten, und der Tannenbaum war wunderhübsch geschmückt.

Es hingen Vögel, Flugzeuge, kleine Körbe, in denen bunte Kugeln lagen, und Sterne daran. Alles war aus kleinen blanken Kugeln zusammengesetzt, so daß das Kerzenlicht sich darin spiegelte. Welliges Engelhaar hing auch dazwischen.

Mir war aber auch immer ein bißchen unheimlich zumute, denn meine großen Brüder hatten mir erzählt, daß der Weihnachtsmann hinter dem Tannenbaum stand, vor dem wir alle ein Gedicht aufsagen mußten.

Wir bekamen dann jeder ein kleines Geschenk. Auch mein Vater hatte etwas für meine Mutter. Ich erinnere mich daran, daß ich einmal ein kleine Puppe bekam, die, wenn man sie auf ein Brett stellte und dies ein wenig schräg hielt, laufen konnte.

Der bunte Teller bestand aus selbstgebackenen Keksen und Äpfeln aus dem Garten. Aber am schönsten war es für mich, daß es so ruhig und friedlich war und daß sich alle miteinander vertrugen. Gemeinsam sangen wir dann auch noch Weihnachtslieder.

Nachdem sich der Gesundheitszustand meines Vaters verschlechterte, gab es diese schönen Weihnachtsfeste nicht mehr.

Einen kleinen Hund hatten wir eine Zeitlang auch. Ein Bruder von mir hatte ihm kleine Kunststücke beigebracht. Nachmittags saßen wir dann oft mit allen Kindern aus der Nachbarschaft auf der Wiese hinter unserem Haus und mein Bruder machte für mich Zirkus mit dem Hund. Es war schön und alle Kinder freuten sich.

Plötzlich war der Hund weg, keiner wußte, wo er geblieben war. In dieser Zeit wurde mir oft übel in der Küche, so daß ich ohnmächtig umfiel. Wenn ich wieder aufwachte, lag ich im Bett und der Arzt und meine Mutter saßen da. Der Arzt hatte keine Erklärung dafür.

Rückblickend weiß ich, daß die Silberbronze, mit der meine Mutter das Ofenrohr gestrichen hatte, Schuld daran war, denn wenn der Herd eingeheizt wurde und das Rohr warm wurde, roch es schrecklich und davon wurde mir schlecht.

Ich wünschte mir dann immer Haferflocken in Milch gekocht mit reichlich Zucker. Wenn ich die dann gegessen hatte, war mir wieder übel.

Mein Vater war zu dieser Zeit schon mehr im Krankenhaus, als zu Hause. Dadurch war immer eine bedrückte Stimmung bei uns.

Meine Geschwister stritten oft miteinander und prügelten sich. Eine Schwester von mir war besonders schlimm. Trotz der vielen Prügel, die sie von meiner Mutter bekommen hatte, änderte sie sich nicht.

Einmal sollte sie die Läufer, die in dem Kinderzimmer lagen, herunter holen und ausklopfen. Da sie aber keine Lust hatte nach unten zu laufen, kletterte sie durch das Fenster auf das Waschküchendach und klopfte die Läufer am Schornstein aus. Als meine Mutter das sah, gab es einen furchtbaren Krach und meine Schwester bekam wieder Schläge.

Mein Bruder, der vor mir geboren worden war, war einer der Lieblinge meiner Mutter. Hatte meine Mutter Kopfschmerzen, lag er neben ihr im Bett und hatte sich ein Handtuch um den Kopf gewickelt, weil er angeblich auch Kopfschmerzen hatte.

Ein Bett für mich alleine kannte ich nicht, wir schliefen immer mit mehreren in einem Bett. Im Winter war es sehr schön, denn das Zimmer war eiskalt, und wir konnten uns so gegenseitig wärmen. Meine großen Geschwister ließen sich oft Spiele einfallen.

Einmal stellten sie die ganzen Kopfkissen in das Fenster, so daß der Raum ganz dunkel war. Damit ich nicht aufstehe, hatten sie zu mir gesagt, daß unter meinem Bett ein Mann liegt, der nach meinem Fuß greift, wenn ich es trotzdem täte.

Meine Geschwister krochen dann ganz leise im Zimmer hin und her und einer durfte den anderen nicht berühren. Es war ziemlich schwierig, denn es war nicht viel Platz da, weil überall Betten standen. Berührten sie sich aber dann doch, schrien sie, denn sie bekamen vor sich selber Angst.

Das Spiel nannten sie dann »Schleicher«.

Oft unterhielten meine Brüder sich über Mädchen aus unserem Dorf, die sie damals die Langhaarigen nannten. Fast alles, was sie von denen erzählten, war schlecht, jedenfalls kam es mir damals so vor, obwohl sie die Mädchen oft auch anhimmelten. Das fand ich schon recht komisch.

Kondome brachten meine Brüder auch mit. Einmal hatten sie einen aufgeblasen und schlugen es im Zimmer hin und her. Ein anderes mal füllten sie eins mit Wasser, denn sie wollten sehen, wieviel sie hinein füllen konnten, bevor es platzte. Irgendwann ist es dann auch geplatzt, und das war dann gar nicht so lustig für meine Brüder, denn die ganze Waschküche schwamm.

Ich aber fand es lustig, denn für mich war es damals ein komischer Luftballon. Ein Bruder von mir machte sich oft einen Spaß daraus, mir das Kopfkissen auf das Gesicht zu drücken, ich hatte dann schreckliche Angst zu ersticken und sobald ich wieder Luft bekam, schrie ich. Er aber freute sich darüber, wenn er mich ärgern konnte.

Umbauen und umstellen waren die Lieblingsbeschäftigung von meiner Mutter. Manchmal wußte ich gar nicht, wo ich schlafen sollte, weil das Bett, in dem ich schlief, schon wieder wo anders stand.

Inzwischen hatte meine Mutter einen kleinen Lebensmittelladen aufgemacht. Alle Kinder, die mit ihren Müttern zum Einkaufen kamen, bekamen eine kleine Tüte Bonbon von meiner Mutter, aber wenn ich welche haben wollte, erntete ich einen bösen Blick. Daraufhin verzog ich mich lieber schnell, denn ich wußte, daß es nicht gut war, meine Mutter in Wut zu bringen. Wenn fremde Leute bei meiner Mutter waren, war sie immer fröhlich und hat viel gelacht, ich war dann immer froh, weil ich hoffte, daß sie dann auch mit mir lustig sein würde. Aber wenn die Leute gegangen waren, war die schlechte Laune wieder da.

Zuneigung habe ich von meiner Mutter nie kennengelernt. Essen geben, waschen und ins Bett bringen mußte von älteren Geschwistern übernommen werden. Da diese aber auch keine Lust dazu hatten, waren die meistens auch schlecht gelaunt.

An einem Sonntag hatten alle etwas vor und meine jüngste Schwester und ich waren über. Da schickte meine Mutter mich mit meiner jüngsten Schwester zu Fuß los an den Strand. Sie hängte mir eine Tasche mit einer Flasche Buttermilch und einem Paket Zwieback um und sagte, wir sollten einmal fühlen, ob das Wasser schon so warm ist, daß man darin baden kann.

Der Strand war vier km von uns entfernt und der Weg führte zwischen Feldern hindurch, Häuser standen dort nicht.

Ich hatte Angst und ließ die Hand meiner kleinen Schwester nicht einmal los, das Gefühl, daß ich auf sie aufpassen mußte, damit ihr nichts passiert, ließ mich vorsichtig sein. Als wir am Strand angekommen waren, aßen wir einen Zwieback und machten uns dann wieder auf den Rückweg, an das Wasser sind wir gar nicht erst gegangen, denn es war viel zu kalt.

Erschöpft kamen wir zu Hause an und ich war froh, wieder da zu sein.

Mein erstes Fahrrad bastelte mir einer meiner Brüder zusammen. Von vielen alten Fahrrädern nahm er die brauchbaren Teile ab, aus denen er dann mein Fahrrad zusammen baute.

Es hatte Hartgummireifen und ich mußte aufpassen, daß ich nicht durch Schlaglöcher fuhr, denn dann versetzte mir das Fahrrad wirklich einen Schlag. Es hatte aber auch einen Vorteil, denn die Reifen brauchte man nie zu flicken.

Ich war ganz glücklich darüber, denn wenn meine Brüder ihre Fahrräder reparierten, ging es mir ganz schlecht. Ich konnte die Gummilösung nicht ab. Der Geruch löste bei mir Kopfschmerzen und Übelkeit aus.

Es hätte sicher nicht lange gedauert bis ich mein Fahrrad selber hätte reparieren müssen und mit den Hartgummireifen konnte ich diesem Problem aus dem Weg gehen.

Als mein Fahrrad fertig war, sollte ich eine Probefahrt machen.

Ich war ganz stolz, setzte mich auf mein Fahrrad und machte den Rock meines Kleides über den Sattel. Das hatte ich bei den großen Mädchen in unserem Dorf gesehen und ich fand es schön, wenn der Rock im Wind wehte. So fuhr ich durch das Dorf. Leider hatte ich nicht daran gedacht, daß in meinem Rock ein Loch war.

Ein Mädchen aus unserem Dorf rief mir hinterher, daß sie den Rock auch über den Sattel machen würde, damit alle das große Loch im Rock sehen könnten. Ich schämte mich und setzte mich schnell auf den Rock.

* * *

Mein Vater war in den vergangenen Jahren sehr oft im Krankenhaus gewesen und als ich 11 Jahre alt wurde, starb er.

Es war Ostern und ich hatte wieder einmal gehofft, daß er gesund werden würde.

Er war gerade an diesem Tag aus dem Krankenhaus gekommen. Ich hatte ganz glücklich seinen ehemaligen Arbeitskollegen geholt, der dann bei meinem Vater am Bett saß und sich mit ihm unterhielt.

Ich blieb da und hörte zu. Sie unterhielten sich über vergangene Zeiten, und es machte Spaß ihnen zuzuhören.

Auf dem Nachttisch bei meinem Vater stand ein Osterkorb, den er aus dem Krankenhaus mitbekommen hatte. Im grünen Papiergras stand eine Flasche, die aussah wie ein Osterküken. Der Schraubverschluß war rot und sah aus wie ein Hahnenkamm.

Ich freute mich darüber, daß mein Vater ein Geschenk bekommen hatte. Abends bin ich dann ganz zufrieden mit meiner jüngsten Schwester ins Bett gegangen.

Unser Bett stand inzwischen im Wohnzimmer, neben dem Schlafzimmer meiner Eltern. Wir bewohnten zu der Zeit nur die oberen Räume, weil unten immer noch die Flüchtlinge untergebracht waren.

Ich habe nichts von der Aufregung in der Nacht gehört. Am Morgen, als ich aufwachte, war mein Vater tot.

Ich zog mich an und ging nach unten.

Meine Mutter kam gerade von der Meierei, die unserem Haus gegenüber stand. Sie hatte die Milch geholt, die sie an diesem Tag verkaufen wollte. Oft ärgerte sich meine Mutter darüber, daß die Meierei in unserer Nähe war, weil der Schornstein oft so rauchte, daß es furchtbar roch, und die Wäsche auf der Wäscheleine schwarz wurde.

Es roch oft so stark, daß mir von dem Geruch schlecht wurde und ich Kopfschmerzen bekam.

Aber in diesem Fall war es sehr günstig, denn so konnte meine Mutter je nach Bedarf Ware nachholen.

Sie hatte die Schürze verkehrt herum umgebunden und sie weinte. Das wunderte mich, denn ich war froh, daß mein Vater wieder zu Hause war.

Ich fragte sie, warum sie weinte und warum sie die Schürze verkehrt herum umgebunden hatte. Sie sagte daraufhin zu mir, daß sie die roten Blumen, die auf der Schürze waren, nicht sehen mochte.

So ging sie mit mir in das Schlafzimmer meiner Eltern. Da lag mein Vater, mit einem weißen Bettlaken zugedeckt.

Meine Mutter schlug das Bettlaken zurück und ich bekam einen furchtbaren Schreck. Sie hatten meinem Vater das Kinn mit einem blauen Taschentuch hoch gebunden, das auf dem Kopf zusammengeknotet war.

Das konnte ich nicht begreifen, denn ich hatte doch geglaubt, daß es meinem Vater wieder besser ging, denn er war doch gerade erst aus dem Krankenhaus gekommen.

Ich stand wie versteinert da. Langsam begriff ich aber, das man mir meinen Vater genommen hatte, bevor ich ihn richtig gehabt hatte.

Geweint habe ich nicht, denn ich war vor Schreck wie gelähmt, und wütend war ich auch, ich wußte nur nicht auf wen oder was.

Gemeinsam gingen meine Mutter und ich wieder nach unten.

Meine kleine Schwester schlief immer noch tief und fest. Ich ging hinaus und setzte mich hinter den Stall, wo ich alleine war. Irgendwann wurde ich herein geholt, denn ich sollte mich von meinem Vater verabschieden.

Er war inzwischen in einem Sarg zurecht gemacht worden. Den Sarg hatte man in der Küche abgestellt und ich ging vorsichtig heran, um Auf Wiedersehen zu sagen. Dann ging ich wieder hinaus, hinter den Stall und sah um die Ecke, als sie meinen Vater wegtrugen.

Ich hatte schon oft gesehen, wenn mein Vater abgeholt wurde, weil er in ein Krankenhaus mußte, aber diesmal war es anders, denn ich wußte, daß er nicht wieder kommen würde.

Von diesem Tag an durfte meine jüngste Schwester im Schlafzimmer bei meiner Mutter schlafen. Meine Mutter hatte das Bett von meinem Vater jetzt für sich genommen, und meine Schwester bekam das Bett meiner Mutter. Ich mußte weiterhin im Wohnzimmer schlafen. Da ich noch nie alleine geschlafen hatte, fühlte ich mich einsam und gerade jetzt, wo ich so traurig war, wollte ich nicht alleine sein.

Aus diesem Grund ging ich jeden Abend an das Bett meiner Mutter, um ihr einen Kuß zu geben. Ich wollte sie trösten, weil ich dachte, daß sie genauso traurig wäre wie ich, aber sie lehnte mich ab. Sie schob mich mit der Hand zurück.

Ich hätte so nötig jemanden gebraucht, der mich in den Arm genommen hätte, aber ich wußte nicht, zu wem ich gehen sollte, wenn sogar meine eigene Mutter mich zurückwies.

An den darauf folgenden Tagen wurden viele Kränze gebracht, die später mit dem Pferdewagen zum Friedhof gebracht wurden. Fragen stellen durfte ich nicht. Es hieß dann immer: Geh raus zu den anderen Kindern und spiele.

Es waren einige Kinder in der Nachbarschaft, mit denen ich spielte. Da es zu dieser Zeit in unserem Ort kaum Autos gab, konnten wir auf der Straße Völkerball und anderes spielen. Da ich aber sehr traurig war, hatte ich keine Lust dazu.

In der Meierei waren drei Kinder, darunter auch ein Mädchen in meinem Alter, mit dem ich oft spielte. Sie war von ihrer Art her immer etwas erwachsener als wir anderen.

An einem Tag spielten wir auf der Wiese hinter unserem Haus »Schule«. Meine Spielgefährtin aus der Meierei war die Lehrerin. Das war sie immer bei diesem Spiel. Mit einem traurigen Blick verkündete sie, daß die Musikstunde ausfallen sollte, weil mein Vater gestorben war. Auf so etwas wäre kein anderes Kind in unserem Alter gekommen.

Ich mußte jetzt jeden Tag mit meiner jüngsten Schwester und mit meiner Mutter zum Friedhof in die Kapelle, wo mein Vater aufgebahrt war. Meine Schwester saß hinten auf dem Fahrrad bei meiner Mutter und ich fuhr alleine mit meinem Fahrrad die drei km. Ich kann mich gar nicht daran erinnern, daß meine anderen Geschwister auch hingefahren sind. Nur zwei Brüder, die von weit her kamen, waren einmal mit uns zusammen in der Kapelle.

Mein Vater ist an einem Donnerstag begraben worden. Ich weiß noch, wie ich zu meiner Mutter sagte: Wenn bloß erst der Donnerstag vorbei ist. Ich hoffte, daß nach diesem Tag alles besser werden würde.

Es war eine große Beerdigung. Erstaunt sah ich zu, wie allen die Suppe schmeckte. Mir war nicht danach zu Mute, etwas zu essen.

Das Lied »Ich hatte einen Kameraden«, das von einem Feuerwehrkameraden auf der Trompete gespielt wurde, mag ich heute noch nicht hören, denn es erinnert mich immer noch an die Beerdigung meines Vaters. Aber auch dieser Tag war dann endlich vorüber.

Wenn ich gehofft hatte, daß es jetzt besser werden würde, hatte ich mich geirrt. Am nächsten Tag mußte ich mit meinem schwarzen Kleid zur Schule. Die anderen Kinder waren der Meinung, daß ich das schwarze Kleid nur trug, weil ich bei dem Spiel »Schornsteinfeger ging spazieren«, der Schornsteinfeger sein wollte.

Sie waren wütend darüber und sprachen deshalb kaum mit mir, was mir zusätzlich zu schaffen machte.

Jeden Abend ging ich tapfer an das Bett meiner Mutter, um ihr einen Gute-Nacht-Kuß zu geben. Außerdem hoffte ich, auch mit im Schlafzimmer schlafen zu dürfen. Wir hätten uns dann gegenseitig trösten können, aber meine Mutter schickte mich weg.

Ich mochte in dem Bett, das jetzt für mich aufgebaut worden war, nicht schlafen. Es war ein Wandbett und der Rahmen, in den man es bei Tage klappte, war ziemlich breit, so daß ich, wenn ich darin lag, das Gefühl hatte, in einer Kiste zu liegen. Das erinnerte mich an den Sarg, in dem mein Vater gelegen hatte und das ließ mich nicht zur Ruhe kommen. Nach einigen Wochen gab ich es auf, an das Bett meiner Mutter zu gehen.

Zu der Zeit waren schon viele meiner Geschwister nicht mehr im Haus. Einige waren schon verheiratet und andere waren dort, wo sie gearbeitet haben. Die, die außer mir und meiner jüngsten Schwester noch zu Hause waren, schliefen in dem provisorisch ausgebauten Schweinestall.

Geld war nie da. Meine Mutter hatte nicht einmal genug Geld, um die Beerdigung meines Vaters alleine bezahlen zu können. Meine älteren Geschwister mußten etwas dazu geben.

Die Stimmung meiner Mutter wurde zunehmend schlechter. Oft schimpfte sie grundlos, und das war schon schwer für mich zu ertragen. Aber wenn sie das Lied »Hörst du mein heimliches Rufen« leise vor sich hin sang und dabei Tränen in den Augen hatte, war es viel schlimmer für mich. Sie tat mir dann unsagbar leid. Durch ihre Traurigkeit kam dann auch meine wieder stärker zum Vorschein.

Meine Mutter kümmerte sich nicht um mich und ich mußte sehen, wie ich zurechtkam. Meine jüngste Schwester kam noch ganz gut dabei weg. Sie war immer die kleine süße Jule, die ihrem Vater so ähnlich sah. Wenn meine Mutter sie rief, rief sie immer: Wo ist denn Mamas Jule. Mein Bruder, der vor mir geboren war, war schon immer bevorzugt worden und so jung er auch war, versuchte er jetzt die Vaterstelle zu übernehmen. Er fing an, mir Arbeit zuzuteilen und kam sich ziemlich wichtig dabei vor. Da ich das Stricken inzwischen gelernt hatte, mußte ich ihm ein Stirnband stricken, das sich über dem Kopf kreuzte. Mein Bruder spielte Fußball in unserem Dorfverein, dabei band er das Stirnband um, um seine Haare zusammen zu halten. Oft mußte ich seine Lederstiefel putzen. Die waren so groß, daß, wenn ich die Hand hineinsteckte, mir der Schaft bis zur Schulter reichte.

Das Fett, mit dem ich die Stiefel einreiben mußte, roch schrecklich und ich bekam Kopfschmerzen davon.

Besonders gefreut hat mein Bruder sich immer, wenn meine kleine Schwester mich geschlagen hat. Er nannte mich dann die Dumme, weil ich mich nicht gewehrt habe. Ich mochte einfach nicht zurückschlagen, denn ich konnte ihr nicht weh tun. Im Gegenteil, ich paßte immer auf sie auf, weil ich Angst hatte, daß ihr etwas passieren könnte. Einmal stürzte meine kleine Schwester mit dem Fahrrad. Sie kam dabei mit dem Fuß in die Speichen und der Klingelgriff schlug ihr in den Hals. Ich hatte schreckliche Angst um sie. Es dauerte Tage, bis ich mich von dem Schreck, den ich bekommen hatte, als ich das sah, erholt hatte.

Für viele besserte sich das Leben. Das sah man daran, daß die Leute wieder mehr kaufen konnten. Bei mir war davon nichts zu sehen. Ich mußte weiterhin die abgelegten Sachen meiner älteren Schwester tragen. Oft brachten fremde Leute Kleidung von ihren Kindern, die ich dann anziehen mußte. Bei den Schulkameraden merkte ich, daß sie sich über mich lustig machten, weil ich nie neue Kleidung bekam, und die Kleidung, die ich trug, war nie in Ordnung. Ich beneidete die anderen Kinder, die hübsche Sachen bekamen.

Wenn es Winter wurde und alle anderen Kinder schon schöne warme lange Hosen trugen, lief ich immer noch in Kniestrümpfen und den Schuhen, die ich den ganzen Sommer getragen hatte. Ich hatte jedes Jahr wieder meine entsetzlichen Frostbeulen, die schrecklich juckten und mir furchtbare Schmerzen machten. Einmal bekam ich von irgend jemandem eine alte Trainingshose geschenkt, die mir viel zu groß war. Das, was im Schritt sitzen sollte, hing mir in den Kniekehlen. Ich zog sie an, weil ich fror, aber ich zog einen Rock darüber, damit man nicht so viel von der Hose sah. In dem Aufzug war ich natürlich gleich wieder dem Gespött meiner Mitschüler ausgesetzt.

Meine Spielgefährtin aus der Meierei bekam immer hübsche Kleider, Röcke und Schuhe, die ich auch gerne gehabt hätte.

In so einem Moment erinnerte ich mich daran, daß ich auch einmal etwas Neues bekommen hatte.

Ich muß fünf Jahre alt gewesen sein, als eine ältere Schwester von mir ein paar neue Gummistiefel für mich mitbrachte. Sie war weggefahren und hatte versprochen, mir etwas mitzubringen. Es muß spät Abends gewesen sein, als sie zurückkam, denn ich hatte schon lange im Bett gelegen. Schlafen konnte ich aber nicht, weil ich aufgeregt war und wissen wollte, ob sie mir wirklich etwas mitbringen würde. Auf dem Küchentisch habe ich die Gummistiefel dann angepaßt. Sie waren von innen gelb gefüttert und ganz weich. Da ich die Gummistiefel barfuß anpaßte, war es ein tolles weiches Gefühl am Fuß. Ich nahm die Gummistiefel gleich mit an mein Bett.

Wo meine Schwester die Gummistiefel aufgetrieben hatte, weiß ich bis heute nicht, denn es gab kaum etwas zu kaufen.

Ich erinnerte mich gern daran, denn die Schuhe, die ich jetzt tragen mußte, paßten nie. Entweder waren sie zu groß oder zu klein. Es kam darauf an, wer sie gerade abgesetzt hatte.

Bei uns war kein Geld für neue Schuhe. Nicht einmal für die nötigsten Dinge war Geld da. Wenn ich Geld für ein Schulheft haben wollte, sagte meine Mutter zu mir: Wenn der Lehrer will daß du schreibst, dann soll er dir ein Heft geben.

Eines Nachts hatte meine jüngste Schwester starke Zahnschmerzen. Meine Mutter weckte mich, und ich mußte mit meiner Schwester Nachts im Dunkeln zum Zahnarzt, der im nächsten Ort, drei km entfernt von uns, wohnte. Meine Mutter ging wieder ins Bett, denn als wir wieder zurückkamen, schlief sie.

Oft brachten wir Läuse mit von der Schule. Wenn meine Mutter das erfuhr, kippte sie uns Cuprex oder Brennspiritus in die Haare und wickelte uns ein Handtuch um den Kopf.

Manchmal passierte das sogar im Schlaf, und ich wurde dann von dem scheußlichen Geruch wach. Beides war für mich schrecklich, denn mir wurde schlecht davon.

Ich hatte schon oft bemerkt, daß mir übel wurde und daß ich Kopfschmerzen bekam, wenn in der Schule die Fenster mit Brennspiritus geputzt wurden.

Am nächsten Morgen wurde das Handtuch abgenommen, die Haare durchgekämmt, und so ging ich dann in die Schule. Mir war den ganzen Tag übel und ich hatte Kopfschmerzen.

Gewaschen habe ich mich selten, denn es achtete keiner darauf, und Zähne putzen kannte ich gar nicht. Ich erinnere mich daran, daß eins meiner Geschwister, als ich noch ganz klein war, einmal eine Tube Zahnpasta mitgebracht hatte. Der Inhalt roch gut und ich leckte daran, aber daß man damit die Zähne putzte, wußte ich nicht.

Meine Mutter hatte, so lange ich zurückdenken kann, keine Zähne mehr. Sie konnte keine Zahnfüllungen und keinen Zahnersatz vertragen. Sie hat es immer wieder versucht, aber nach kurzer Zeit hatte sie wieder starke Beschwerden, und so lag das neue Gebiß wieder in der Tasse im Küchenschrank. Deshalb hat sie wohl auch nicht daran gedacht, daß ich meine Zähne hätte putzen müssen.

Ich erinnere mich daran, daß meine Mutter auch andere Unverträglichkeiten hatte. Es betraf ihre Kleidung und auch unterschiedliche Nahrungsmittel, die ihr Probleme bereiteten.

Gekocht wurde bei uns auch kaum noch, und unsere Wäsche lag wochenlang herum, bevor sie gewaschen wurde. Geflickt wurde gar nichts mehr. Es war furchtbar, nie hatte ich etwas »heiles« anzuziehen. Am schlimmsten war es mit den Strümpfen. Die lagen immer in einem großen Pappkarton. Sie waren fast alle kaputt und es dauerte lange, bis man zwei passende gefunden hatte, die man noch anziehen konnte. Alle meine Geschwister wußten davon, aber keiner änderte etwas daran.

Einmal war ich zum Kindergeburtstag eingeladen und es sollte ein Spiel gespielt werden, bei dem die Schuhe ausgezogen werden mußten. Ich sagte, daß ich meine Schuhe nicht ausziehen könnte, denn ich bekäme sie nicht wieder an. Das Mädchen, daß das Spiel vorgeschlagen hatte, sagte sofort: Du willst die Schuhe bloß nicht ausziehen, weil du immer kaputte Strümpfe trägst. Ich habe mich furchtbar geschämt, weil alle wußten, daß meine Strümpfe immer kaputt waren.

Besonders schlimm und peinlich war es immer mit der kaputten Kleidung bei der jährlichen Schuluntersuchung, weil man sich dann vor allen Mitschülerinnen ganz ausziehen mußte. Noch schlimmer war es dann für mich, wenn die Lehrerin mich darauf hinwies, das ich schmutzig war.

Am schönsten war es in dieser Zeit immer im Sommer, wenn das Wetter es erlaubte, daß wir an den Strand konnten. Dort brauchte man keine Strümpfe und gebadet wurde in der Unterwäsche. Meinen ersten Badeanzug bekam ich von einer meiner Schwestern geschenkt, als ich aus der Schule entlassen wurde. Sie kaufte sich einen neuen und ich bekam ihren alten.

Meine Mutter war im Laden, wenn ich mit meiner jüngsten Schwester aus der Schule kam. Wenn ich die Ladentür von der Küche aus öffnete und hindurch sah, warf meine Mutter mir einen Blick zu, der mir sagte, mach die Tür zu. Meine Mutter hatte für jeden Zeit und half jedem, der Sorgen und Probleme hatte, nur für uns hatte sie keine Zeit. Wir beiden Jüngsten kamen zu kurz dabei. Ich war jetzt so groß, daß ich uns etwas zum Essen kochen konnte. Meistens gab es aber nur Pellkartoffeln und Zwiebelsoße, denn etwas anderes war nicht da.

In der Zeit waren nur wir drei zu Hause.

Der Heilige Abend war jetzt auch schon lange nicht mehr schön. Alle Kinder waren aufgeregt. Ich nicht, denn ich wußte, daß es bei uns nichts gab. Ich hatte das letzte Weihnachtsfest noch in schlechter Erinnerung. Es gab keinen Rotkohl und keinen Schweinebraten mehr und für Geschenke war sowieso kein Geld da. Gesungen wurde auch nicht mehr. Im Gegenteil, meine Mutter saß da und weinte.

Jetzt begann die Zeit, in der meine Mutter oft weg war. Dann mußte einer von uns im Laden stehen. Es war grauenvoll, denn es fehlte ständig etwas. Wenn Zucker vorhanden war, gab es keine Tüte, um ihn zu verpacken und wenn es Tüten gab, war kein Zucker da. Mir war das ganze immer schrecklich peinlich. Abends war meine Mutter jetzt auch oft nicht im Haus. Meine jüngste Schwester und ich hatten dann Angst und schliefen aus dem Grund wieder zusammen in einem Bett, obwohl jetzt genügend Betten frei waren.

Ich arbeitete inzwischen schon oft bei den Bauern, denn wenn ich einen Schulausflug mitmachen wollte, mußte ich mir erst das Geld dafür verdienen. Es gab immer etwas zu tun. Rüben pflanzen und hacken, Getreide in Hocken aufstellen, Kartoffeln sammeln, Rüben aufziehen und zuletzt noch beim Dreschen helfen.

Ich konnte mir bei dieser Arbeit ein bißchen Geld verdienen. Aber die Bauern bezahlten schlecht, und ich mußte bei einigen von ihnen sehr oft fragen, ob ich mein Geld haben könnte. Oft mußte ich es dann auch noch meiner Mutter geben.

Bei einem Bauern mußte ich einmal ein Pferd am Kopf durch die Rübenreihen führen, während der Bauer die Hackmaschine, die das Pferd zog, festhielt. Ich fragte den Bauern, ob ich nicht auf dem Pferd reiten könnte, weil ich Angst hatte, daß es mir auf die Füße tritt. Der Bauer sagte daraufhin zu mir: Ich könnte auf seinem Finger reiten, aber nicht auf seinem Pferd. Mein Gefühl sagte mir, daß der Bauer nichts Gutes mit mir vorhatte. Ich ging sofort nach Hause und habe nie wieder bei diesem Bauern gearbeitet. Erzählen konnte ich es aber keinem, denn da war keiner, dem ich das erzählen konnte. Wenn ich zu Hause von Dingen erzählt hatte, die mir passiert waren, wurde immer nur gesagt: Du hast selber schuld. Also ließ ich es.

Eines Morgens, als ich die Treppe herunter kam, standen dort Schuhe, die nicht uns gehörten. Das bedeutete, daß jemand gekommen war. Und richtig, meine ältere Schwester war wiedergekommen. Sie war fünf Jahre älter als ich und ich freute mich gar nicht, denn wenn sie da war, gab es Krach.

Obwohl sie soviel Prügel von meiner Mutter bekommen hatte, hatte sie immer noch nicht begriffen, daß sie gegen meine Mutter nicht ankam. So war es bei uns immer, plötzlich stand einer meiner Geschwister vor der Tür.

Jetzt wurde es für mich noch schlimmer, denn wenn meine Schwester und meine Mutter sich gestritten hatten, mußte ich darunter leiden. In solchen Momenten suchte meine Schwester etwas, worüber sie mit mir streiten konnte. Wenn ich dann gerade eine Bluse unter dem Pullover anhatte, weil ich die Wolle nicht vertragen konnte, mußte ich die Bluse ausziehen, weil sie der Meinung war, das man nicht zwei Kleidungsstücke auf einmal schmutzig tragen müßte.

Meine Haut war dann abends ganz rot von der Wolle und sie brannte und juckte schrecklich.

Es machte meiner Schwester dann Spaß, mich zu verletzen. Kam dann gerade eine Spielgefährtin vorbei, die immer hübsche Kleider trug, sagte meine Schwester zu mir: Sie mal, wie hübsch sie aussieht und wie du dagegen aussiehst.

Ich war dann todunglücklich, aber meiner Schwester ging es dann wieder besser.

Es dauerte gar nicht lange, bis meine Schwester einen Freund hatte. Meine Mutter war ganz begeistert davon, denn der Freund meiner Schwester war Verwalter eines großen Gutshofes und meine Mutter liebte alles, was aus der Landwirtschaft kam.

Jetzt änderte sich einiges bei uns. Es wurde wieder aufgeräumt und geputzt. Der Holzfußboden und die Holztreppe waren rotbraun gestrichen und wurden mit Bohnermasse in der gleichen Farbe eingerieben. Wenn das geschah, ging es mir schrecklich schlecht. Ich hatte Kopfschmerzen, mir war übel und schwindlig von dem Geruch.

Meine Mutter bewachte meine Schwester, und wenn sie spät Abends noch draußen war, mußte ich los und sie suchen. Alles Denken und Handeln meiner Mutter war jetzt darauf ausgerichtet, dafür zu sorgen, daß meine Schwester ihrem Freund gefiel. Dieser Mann sollte es sein. Jede Mark, die locker gemacht werden konnte, wurde dafür ausgegeben, daß meine Schwester hübsche Kleider bekam.

Einmal allerdings hatten wir zwei Jüngsten Glück. Meine Mutter hatte von irgend jemandem ein kariertes Stück Stoff bekommen. Sie kaufte roten Stoff dazu und eine Frau, die sich ihr Geld mit der Näharbeit verdiente, nähte uns ein Kleid daraus. So bekamen wir beide auch einmal ein neues Kleid.

Wenn der Freund meiner Schwester abends mit dem Motorrad kam, mußten meine jüngste Schwester und ich schnell ins Bett, damit wir nicht störten. Im Wohnzimmer gab es dann Kaffee und Kuchen, von dem wir beide auch gerne etwas gegessen hätten. Am nächsten Tag war nichts mehr davon da.

In diesem Jahr sollte es sogar etwas zu Weihnachten geben. Ich wünschte mir, genau wie meine kleine Schwester, eine Puppe, die ich schon immer haben wollte. Wir hatten in einem Katalog geblättert und waren ziemlich gespannt darauf, ob wir wohl wirklich etwas bekommen würden. Es war der erste Katalog gewesen, den ich gesehen hatte, und ich konnte mich gar nicht satt sehen an den vielen schönen Sachen.

Als der Heilige Abend dann da war, bekam meine kleine Schwester ihre Puppe und ich eine Armbanduhr. Ich wäre zu groß für eine Puppe, und eine Armbanduhr wäre viel besser für mich, sagte meine Mutter zu mir.

Jetzt sollte ich plötzlich erwachsen sein, bevor ich richtig Kind gewesen war.

Nach einer geraumen Zeit ging meine ältere Schwester wieder aus dem Haus, sie hatte irgendwo Arbeit gefunden. Die Treffs mit ihrem Freund fanden jetzt nur noch an den Wochenenden, wenn sie frei hatte, bei uns statt. Es wurde wieder ruhiger, aber die Unordnung nahm auch wieder zu.

Meine Mutter hatte wirklich viel gearbeitet in ihrem Leben, aber mein Vater hatte geplant und für einen geordneten Ablauf in der Familie gesorgt. Davon hatten meine älteren Geschwister profitiert.

Hausaufgaben wurden jetzt kaum noch gemacht, weil ich immer irgend etwas für meine Mutter machen mußte. Zum Bauern ging ich auch noch, um mir, mit der Arbeit dort, etwas Geld zu verdienen und abends war ich viel zu müde, um noch Hausaufgaben zu machen. Ich beneidete die Kinder, die einen Vater hatten, denn bei denen war alles viel schöner. Es war sauber und ordentlich und es gab immer etwas zu essen. Außerdem waren diese Kinder immer sauber und gepflegt angezogen und sie bekamen oft neue Kleidung und neue Schuhe.

An einem Sommertag kam plötzlich meine Großmutter zu uns. Die hatte ich noch nie gesehen und so war sie eine fremde Frau für mich. Sie wollte uns besuchen. Meine Mutter wollte sie aber nicht sehen, was ich sogar als Kind verstand. Denn meine Großmutter wollte meine Mutter, als sie geboren wurde, nicht haben und hatte sie aus diesem Grund zu ihren Großeltern gebracht.

Einmal im Jahr wurde von der Schule ein Kinderfest veranstaltet. Am Vormittag wurden Wettkämpfe ausgetragen, wobei man Preise gewinnen konnte. Aus jeder Gruppe wurden Königinnen und Könige ermittelt, die dann natürlich die besten Preise bekamen. Am Nachmittag durften sie dann in der Kutsche sitzen, die den Umzug anführte, der durch das ganze Dorf bis zur Gaststätte zog, in der dann anschließend getanzt wurde. Die Mädchen trugen zu zweit einen Blumenbügel und die Jungs einen Stock, an dessen Spitze Blumen und bunte Bänder befestigt waren. Alle hatten sich hübsch angezogen, denn zum Kinderfest bekamen alle Kinder neue Kleidung.

Ich hatte bisher nie etwas neues zum Kinderfest bekommen, aber in diesem Jahr, bevor ich die Schule verließ, wurde meine jüngste Schwester Königin.

Sie bekam ein wunderhübsches rosa Organzakleid und einen Blütenkranz für ihr Haar von meiner Mutter. Neue Schuhe bekam sie auch dazu.

Einen Tag vor dem Kinderfest ging meine Mutter dann mit mir los, um mir ein Kleid zu kaufen, weil ich einfach nichts hatte, was ich zu diesem Anlaß hätte tragen können. Sie kaufte mir ein khakifarbenes Kleid mit einer schwarzen Blumenborte am Ausschnitt. Dieses Kleid wäre für eine fünfzigjährige Frau schön gewesen. Meine Mutter war zu der Zeit fünfundfünfzig Jahre, vielleicht hätte sie es gerne selbst getragen. Ich fand das Kleid häßlich und habe es nach dem Kinderfest nie wieder angezogen.

Neue Schuhe bekam ich auch nicht und die ich gerade hatte, waren mir viel zu groß. Ich schämte mich schrecklich und fand, daß ich grauenhaft aussah.

Als das Fest zu Ende war, mußten wir Kinder uns aufstellen und zum Abschluß die Lieder »Guten Abend – Gute Nacht« und »Der Mond ist aufgegangen« singen. Ich konnte kaum singen, weil ich bei diesen Liedern immer an meinen Vater, der ja immer krank gewesen war, denken mußte. Denn genau das kam ja in diesen Liedern vor. Sowie ich anfing zu singen, liefen mir die Tränen über die Wangen. Ich mußte mich zusammennehmen, denn es sollte keiner merken. Ich hatte schlechte Erfahrungen gemacht, denn man wurde ausgelacht, wenn man weinte. Zu Hause genauso wie in der Schule.

Die Ferien verbrachte ich oft bei einer Schwester, die zehn Jahre älter war als ich. Sie wohnte ganz einsam an einem Wald. Mir gefiel es dort, denn es war schön ruhig und oft wurde dort musiziert. Für mich war die Welt dort damals noch in Ordnung. Ich ging viel mit meiner

Schwester und meiner Nichte auf das Feld. Meine Schwester mußte dort arbeiten, und ich spielte dann mit meiner kleinen Nichte, damit sie beschäftigt war.

Einmal fing es an zu regnen und meine Schwester sagte mir, ich solle mich mit meiner Nichte unter den Regenmantel setzen, den sie mitgebracht hatte. Ich tat es, aber ich mußte nach kurzer Zeit den Regenmantel beiseite legen, denn ich bekam von dem Geruch heftige Kopfschmerzen und mußte mich übergeben. Gleiches hatte ich auch schon erlebt, wenn ich versucht hatte, einen Luftballon aufzublasen oder wenn ich in ein Fahrradgeschäft ging, um einen neuen Fahrradschlauch zu holen. Der Geruch von Gummi machte mir immer große Probleme.

Einmal, als ich bei dieser Schwester in den Ferien war, war dort auch ein Onkel zu Besuch. Er unterhielt sich manchmal mit mir, was mich freute. Einmal wollte er, daß ich mich auf seinen Rücken setzte. Ich tat es und er hielt mich an meinen Beinen fest. Plötzlich faßte er mir zwischen die Beine. Ich habe mich furchtbar erschrocken und strampelte mit den Beinen, bis er mich los ließ. Dann rutschte ich schnell von seinem Rücken herunter und versteckte mich. Ich schämte mich, weil ich glaubte, etwas ganz schlimmes getan zu haben. Seitdem waren die Ferien bei meiner Schwester nie wieder schön. Es blieb immer etwas Störendes da.

In den Konfirmandenunterricht ging ich inzwischen auch. Dazu hatte ich überhaupt keine Lust, denn ich mußte, nachdem mein Vater gestorben war, jeden Sonntag mit meiner jüngsten Schwester in die Kirche zum Gottesdienst gehen, und wenn man in den Konfirmandenunterricht ging, mußte man sonntags auch in die Kirche.

Im Frühling 1956, mit noch vierzehn Jahren, wurde ich dann konfirmiert und aus der Schule entlassen. Erst sollte ich kein neues Konfirmationskleid haben, aber dann bekam ich doch eins. Sogar neue Schuhe und die ersten Perlonstrümpfe bekam ich. Stolz führte ich alles einer Nachbarin vor.

Diese Nachbarin war die Frau des Dorfpolizisten. Sie war eine liebe Frau, zu der ich gerne einmal ging. Im Sommer war sie oft mit den ganzen Kindern aus der Nachbarschaft am Strand. Sie saß dann dort und machte Handarbeiten und die Eltern der Kinder waren froh, daß jemand auf die Kinder achtete. Jedenfalls fand diese Frau, daß ich in meiner Konfirmationsgarderobe hübsch aussah, und das freute mich.

Der Tag der Konfirmation nahte. Als es soweit war, stand ich fertig angezogen im Flur und wartete auf mein Taxi, das meine Mutter angeblich für mich bestellt hatte.

Es wurde höchste Zeit, aber mein Taxi kam nicht. Meine ältere Schwester mußte zur Meierei gehen und bei dem Taxiunternehmen anrufen. Selber hatten wir natürlich noch kein Telefon. Kurze Zeit später kam ein Taxi.

Der Taxifahrer sagte zu mir, meine Mutter hätte ihn nicht beauftragt, mich zur Konfirmation zu fahren. Ich kam natürlich zu spät zu meiner Konfirmation.

Die Konfirmanden gingen geschlossen mit dem Pastor vom Pastorat zur Kirche. Ich stieg da, wo sie gerade gingen, aus und schloß mich der Gruppe an. Es war mir sehr peinlich, daß ich zu spät kam, und es bemerkten alle natürlich noch mehr, daß mein Mantel viel zu kurz war, denn mein Kleid guckte weit unter dem Mantel heraus. Aber für einen neuen Mantel hatte es bei mir nicht gereicht.

Eine Konfirmationsfeier, wie bei anderen Kindern, gab es bei mir nicht.

Aus der Schule wurde ich mit einem Durchschnittszeugnis entlassen. Ich gehörte nicht zu den besten, aber auch nicht zu den schlechten.

Da ich gerne Schneiderin werden wollte, hatte ich mich um eine Lehrstelle bemüht und auch eine bekommen. Als ich meiner Mutter davon erzählte, wurde sie wütend und schimpfte mit mir. Ich mußte dann hingehen und meine Lehrstelle, die ich so gern gehabt hätte, absagen.

Meine Mutter wollte mich zu Hause nicht haben, und so kam ich zu einem Bauern in Stellung. Für mich war der Tag schon gelaufen, wenn die Bäuerin morgens um halb fünf an die Tür klopfte und rief: Steh auf, die Kühe warten.

Meine Hände waren immer ganz aufgerissen. Ich glaube, ich konnte das Mittel nicht vertragen, mit dem ich die Milchkannen immer waschen mußte. Es brannte jedesmal schrecklich an meinen Händen, und sie waren nach getaner Arbeit ganz rot.

Die alte Bäuerin war besonders schlimm. Sie ließ mich mit den kaputten Händen die kochendheiße Wäsche waschen.

Wenn ich bei der Feldarbeit sagte, daß ich so starke Schmerzen von der angetrockneten Erde an den kaputten Händen hatte, daß ich es kaum noch ertragen konnte, sagte sie zu mir, ich sollte mich nicht so anstellen. Die Soldaten im Krieg hatten noch größere Wunden und die mußten auch weiter kämpfen.

Am Jahresende hatte ich genug davon. Ich packte meine Sachen und ging. Für die paar Mark, die ich da verdient hatte, wollte ich nicht weiter leiden.

Mir war es ganz recht so, denn die jungen Leute, die ich da kennen gelernt hatte, gaben mir zu verstehen, daß nur die Mädchen, die zu dumm waren, um einen Beruf zu erlernen, zum Bauern in Stellung kamen. Ich schämte mich dafür, daß alle mich für dumm hielten. Sie wußten ja nicht, daß ich meine Lehrstelle nicht antreten durfte. So landete ich wieder zu Hause.

Inzwischen hatte meine Schwester ihren Verwalter, der jetzt einen Hof hatte, geheiratet.

Der Laden war geschlossen und meine Mutter kam kaum noch nach Hause. Sie hatte ihre Erfüllung auf dem Bauernhof bei meiner Schwester gefunden. So lebten nur wir Geschwister in unserem Elternhaus. Es war kaum etwas zu essen da, und wenn ich die Stube, in der ich mit meiner jüngsten Schwester wohnte, heizen wollte, mußten wir uns erst Holz sägen. Kohlen waren nicht da. Wir beide kochten uns jeden Tag Pellkartoffeln und Zwiebelsoße, und obwohl wir es jeden Tag aßen, schmeckte es uns, denn wir hatten Hunger.

Meine Mutter ging voll auf in der Landwirtschaft und nahm von unserem Elend gar nichts wahr.

Eines Nachts wurde ich wach, weil sich etwas hinter mir im Bett rührte. Im gleichen Moment spürte ich auch schon, daß sich etwas warmes zwischen meinen Oberschenkeln hin und her bewegte.

Voller Ekel verließ ich in Panik das Bett. Ich war angewidert und zugleich fassungslos. Mir wurde klar, daß ich da nicht bleiben konnte. Da mußte ich wieder weg.

Ich suchte mir wieder Arbeit, mußte aber wieder im Haushalt arbeiten, weil ich keine andere Möglichkeit hatte.

Jetzt nahm meine Mutter meine jüngste Schwester mit auf den Bauernhof, auf dem sie ihre Erfüllung gefunden hatte. Mich beruhigte es, denn dort hatte sie etwas zu essen, und die Stube war auch warm. Außerdem kam dort auch keiner zu ihr ins Bett.

Ich hatte wieder Probleme bei meinem neuen Arbeitgeber. Es gab noch weniger Geld und wenig zu essen.

Den ganzen Tag hatte ich Hunger. Einen Brotkanten, den keiner essen wollte, steckte ich mir in die Schürzentasche, und wenn mich keiner sah, biß ich schnell einmal ab, damit der größte Hunger gestillt war.

Einmal in der Woche gab es dort Suppe mit Fleischklößen. Die Fleischklöße wurden genau abgezählt. Fehlte dann einer beim Essen, sagte meine Arbeitgeberin, ich hätte ihn gestohlen. Ich hatte zwar einen Mordshunger, aber der eine Fleischkloß hätte mich auch nicht gerettet.

Der Sohn meines Arbeitgebers stahl seiner Mutter immer Geld. Ich sollte dann die Schuldige gewesen sein.

Zu der Zeit lernte ich meinen späteren Mann kennen.

Ich wechselte wieder die Arbeitsstelle, denn die ewigen Anschuldigungen konnte ich nicht länger ertragen.

Jetzt war ich in einer Gastwirtschaft gelandet. Wir arbeiteten dort zu zweit.

Zur Gastwirtschaft gehörte auch eine Kegelbahn, wo ich abends oft die Gäste bedienen mußte. Darum mußte ich oft bis spät in die Nacht arbeiten. Der Alkohol- und Zigarettengeruch machten mir dort erhebliche Probleme.

Ich ging jetzt einmal in der Woche mit meinem Freund ins Kino, und an den Wochenenden, wenn ich frei hatte, war Treff in einer kleinen Gastwirtschaft, in der nach der Musikbox getanzt wurde. Auch ging ich, wenn ich an den Wochenenden frei hatte, mit zu meinem Freund nach Hause, denn bei uns zu Haus war es kalt, und es gab nichts zu essen. Deshalb ging ich da gar nicht erst hin.

Meine Arbeitskollegin und ich waren uns einig, wir wollten mehr Geld verdienen. Aber wir sollten dort, wo wir arbeiteten, nicht mehr haben.

So kündigten wir beide und fingen in einer Fischkonservenfabrik an. Das große Geld, was man da verdienen sollte, lockte uns. Eine Frau, die dort schon lange arbeitete, sorgte sich um mich. Ich denke, sie hatte keine Kinder. Denn sie sagte immer zu mir: Wenn du meine Tochter wärst, dann wüßte ich, was ich mit dir täte.

Ich war nur eine Woche in dieser Fabrik, denn die Frau hatte mich davon überzeugt, daß das nicht die richtige Arbeit für mich war.

Während dieser Zeit hatte ich bei den Großeltern meines Freundes gewohnt. Das aber konnte kein Dauerzustand sein, denn der Großmutter gefiel es nicht, und das zeigte sie mir auch.

Also ging ich wieder auf Arbeitssuche. Jetzt fing ich auf einem Gutshof in der Küche an. Jeden Tag mußte ich das Essen für zwanzig Personen zubereiten. Das Kochen machte mir Spaß, aber die Melker waren unverschämt und schmutzig.

Eines Morgens – ich wollte das Feuer in dem Küchenherd anzünden, wozu ich die alte Zeitung gebrauchte – las ich in einem kleinen Artikel von einem Unfall in meinem Heimatort. Ich konnte es nicht fassen, es war meine Mutter, die da verunglückt war, denn den Vornamen und den dazugehörenden Anfangsbuchstaben des Nachnamens gab es nur einmal in dem Ort.

Ich rief meine Schwester an, und die bestätigte es mir. Ich war entsetzt, man hatte mich nicht benachrichtigt, obwohl ich nur zehn km entfernt war. Am Nachmittag fuhr ich zu meiner Mutter ins Krankenhaus.

Sie lag im Koma und ich stand da und wußte nicht, was ich machen sollte. Keiner war da, der mir half oder mich tröstete. Obwohl ich inzwischen siebzehn Jahre alt war, fühlte ich mich in dem Moment hilflos wie ein kleines Kind.

Ich hatte trotz allem Angst um meine Mutter. Das Gefühl, das ich so gut von der Zeit mit meinem Vater kannte, beschlich mich wieder. Ich fuhr direkt vom Krankenhaus zu meinem Freund und hoffte, dort Trost zu finden.

Er aber fand das alles gar nicht so schlimm, und Lust, mich zu trösten, hatte er auch nicht. Er wollte etwas ganz anderes von mir. Ich schlief bei ihm. So war ich jedenfalls nicht alleine.

Jetzt schlief ich oft da, denn wenn wir gemeinsam etwas unternommen hatten, brachte er mich nicht nach Hause, und da ich durch einen Wald mußte, hatte ich nachts Angst. Dann fuhr ich morgens ganz früh mit dem Fahrrad zur Arbeit.

Ich war jetzt achtzehn Jahre alt, und der Wunsch, mehr Geld zu verdienen, ließ mich nicht los. Aus diesem Grund kündigte ich auf dem Gutshof und nahm Arbeit in einer Seilerei an. Hier verdiente ich wirklich viel mehr Geld. Aber ich mußte wieder zu Hause wohnen.

In den unteren Räumen wohnte mein Bruder, ich quartierte mich oben ein. Jeden morgen mußte ich um vier Uhr aufstehen, denn die Schicht begann um sechs Uhr, und ich mußte fünfzehn km mit dem Fahrrad fahren. Mit dem Zug wollte ich nicht fahren, denn dann hätte ich wieder zu viel Geld ausgegeben.

In der Seilerei wurde Hanf zu Garn gesponnen, woraus Wäscheleinen, alle möglichen Seile und Schiffstaue gemacht wurden. Der Hanf war mit Öl getränkt und die Schiffstaue wurden geteert. Die Gerüche konnte ich nicht vertragen. Ich hatte immer Kopfschmerzen und mir war übel. Einige Male fiel ich sogar um.

Da ich dort aber gut verdiente, wollte ich die Arbeit nicht aufgeben, außerdem hatte ich jedes Wochenende frei. Das war neu für mich und es gefiel mir gut. Ich ging mit meinem Freund tanzen und verbrachte die Wochenenden meistens mit ihm zusammen bei seinen Großeltern.

Im Dezember 1959 stellte ich fest, daß ich schwanger war. Ich sagte es meinem Freund, der aber sagte nur: nicht von mir.

Ich war total geschockt und stand da wie angewurzelt. Seine Oma hatte wohl etwas bemerkt, denn sie fragte mich, ob ich etwas unter der Schürze hätte. Ich wußte nicht mehr, was ich denken sollte, denn ich hatte überhaupt keinen anderen Mann gehabt.

Gleichzeitig machte ich mir auch schon Gedanken darüber, was die Leute in unserem Dorf wohl sagen würden, denn ich hatte oft genug gehört, wie meine Brüder die Mädchen aus unserem Dorf schlecht gemacht hatten.

Ich ging zu der Mutter meines Freundes, die im gleichen Ort wohnte, und erzählte es ihr. Die aber fragte mich, ob ich mich überhaupt nicht schäme, ihr so etwas zu erzählen.

Jetzt verstand ich die Welt überhaupt nicht mehr, denn sie hatte ihr erstes Kind mit 16 bekommen und ich war jetzt 18 Jahre alt. Ich ging zum Arzt und holte mir ein Attest, denn das mußte ich bei meinem Arbeitgeber vorlegen.

Meinem Freund war wohl inzwischen doch klar geworden, daß ich von ihm schwanger war, denn er kam zu mir nach Hause, um mich zu besuchen.

Ich hatte erhebliche Probleme während der Schwangerschaft.

Meine Nieren funktionierten nicht so, wie sie sollten, und ich hatte ständig Blutungen. Woran das lag, wußte kein Arzt genau. Mein Hausarzt schrieb mich aus diesem Grunde krank, weil er befürchtete, daß ich das Kind verlieren könnte. Ich durfte bis zur Geburt des Kindes im September auch nicht wieder arbeiten.

Ob meine Probleme etwas mit den Gerüchen bei der Arbeit zu tun hatten, kann ich nur vermuten. Jedenfalls verschwanden die Blutungen, nachdem ich nicht mehr in der Seilerei gearbeitet habe.

Meine Nieren bereiteten mir noch weiter Probleme, aber auch das verschwand nach einiger Zeit.

Mein Freund zog jetzt zu mir in die oberen Räume meines Elternhauses. Im Juni 1960 haben wir dann geheiratet. Das Aufgebot beim Standesamt bestellte ich alleine. Ich wundere mich heute darüber, daß das überhaupt möglich war. Auch um die Vorbereitungen für den Polterabend und die Hochzeit kümmerte ich mich.

Meine Mutter hatte sich nach ihrem Unfall wieder gut erholt. Sie hatte aber keine Zeit, mir bei den Vorbereitungen zu helfen, weil sie inzwischen wieder auf dem Bauernhof bei meiner Schwester herumwirbelte und dort auch wohnte.

Meine jüngste Schwester war inzwischen aus der Schule entlassen worden und zu einem Bauern in Stellung gekommen, so daß die oberen Räume meines Elternhauses von keinem benötigt wurden. In den unteren Räumen des Hauses wohnte mein Bruder, der vor mir geboren war, mit seiner Frau und dem Kind, das sie inzwischen hatten.

* * *

In den oberen Räumen wollte ich jetzt meine Träume von der »heilen« Familie verwirklichen.

Mit dem Ehering am Finger meinte ich, würden sich alle Dinge, die ich mit der Ehe in Verbindung brachte, einstellen.

Wie hatte der Pastor doch gesagt: Immer für einander da sein, in guten wie in schlechten Zeiten.

Bald merkte ich, daß es bei uns nicht so war. Ich machte die Wohnung mit den Dingen, die ich hatte, so nett zurecht wie es ging, kaufte von einer Arbeitskollegin einen Kinderwagen und bestellte Babywäsche aus einem Katalog. Ich freute mich auf mein Kind und hatte schon lange, bevor der Termin der Geburt da war, alles, was man für ein Baby benötigte, fertig im Schrank liegen.

Dieses Kind sollte all das haben, was ich vermißt hatte.

Ich hatte aber nicht eingeplant, daß der Vater des Kindes nicht die gleiche Vorstellung von der Ehe und einem Kind hatte wie ich.

Er lebte so weiter, wie er vor unserer Ehe gelebt hatte. Morgens ging er zur Arbeit, und wenn er wiederkam, hat er gegessen und sich anschließend ausgeruht.

Aber die Betonung lag auf »wenn«, denn oft ging er nach der Arbeit gleich mit Arbeitskollegen in die Gastwirtschaft. Dort wurde dann bis in die späte Nacht hinein getrunken. Ich habe in solchen Nächten die ganze Zeit am Fenster gestanden und auf ihn gewartet.

Er kam dann betrunken nach Hause, hatte schlechte Laune und hat die ganze Nacht gestöhnt und gespuckt. Am nächsten Morgen mußte ich dann die Reinigungsarbeiten übernehmen. Mir wurde schlecht davon, aber er sagte dann, ich soll mich nicht so anstellen.

So hatte ich mir die Ehe bestimmt nicht vorgestellt.

Die Wochenenden waren immer kaputt, denn ab Freitagabend mußte bei meinem Mann getrunken werden.

Wenn ich gerne etwas mit ihm unternehmen wollte, lag er im Bett und beschimpfte mich, wenn ich es wagte, ihn zu stören. Die Hoffnung, daß sich das alles ändern würde, wenn das Baby erst da war, ließ ich mir aber nicht nehmen.

Endlich war es soweit. Nachts merkte ich schon, daß es los ging. Da ich noch Wäsche liegen hatte, die gebügelt werden sollte, stand ich auf und machte mich an die Arbeit. Gleich am Morgen, als der Kaufmann, der bei uns in der Nähe war, seinen Laden öffnete, ging ich noch einkaufen.

Um acht Uhr schickte ich meinen Mann dann los, um die Hebamme zu holen.

Um zehn Uhr kam mein Mann wieder, aber ohne Hebamme. Er war mit seinem Moped in der Werkstatt gewesen, um es durchchekken zu lassen. Endlich konnte ich ihn dazu bewegen, die Hebamme zu benachrichtigen und auch gleich meine Schwester, die zehn Jahre älter war als ich, zu informieren. Die hatte mir nämlich versprochen, zu mir zu kommen, um der Hebamme behilflich zu sein.

Die Hebamme kam bald, meine Schwester kam mittags, aber mein Mann ließ lange auf sich warten. Am späten Nachmittag trieb der Hunger ihn nach Hause.

Meine Schwester briet ihm sein Beefsteak, denn er aß am Wochenende immer Beefsteak. Er ließ es sich schmecken.

Oben im Schlafzimmer lag ich und versuchte, mein Kind zur Welt zu bringen. Es ließ sich aber Zeit, und dabei war der Termin schon fast zwei Wochen überschritten. Ich glaubte, die Schmerzen nicht mehr ertragen zu können, und dabei hatte ich noch einige Stunden vor mir. Nur gut, daß ich davon nichts wußte, denn von Geburtsvorgängen hatte ich keine Ahnung.

Der heiße Kaffee, den die Hebamme mir gab, um das Geschehen etwas zu beschleunigen, flog genauso schnell wieder heraus, wie ich ihn getrunken hatte.

Lächelnd meinte die Hebamme daraufhin, daß der Kaffee die falsche Richtung einschlagen würde. Die hatte gut Reden. Ich hatte inzwischen das Gefühl, daß durch das ständige Würgen, alles in mir die falsche Richtung nahm.

Gegen Abend war die Hebamme der Meinung, daß mein Mann auch etwas von dem Kinderkriegen haben sollte. Sie rief ihn nach oben und hielt ihn an, mir den Rücken zu reiben. Als er dann aber alleine mit mir im Schlafzimmer war, sagte er zu mir, ich solle mich nicht so anstellen, sondern mich zusammennehmen, andere Frauen würden auch Kinder kriegen. Das tröstete mich in diesem Moment ungemein.

Später wurde ein Arzt hinzu gerufen, und nachdem alle meinen Bauch bearbeitet hatten, daß ich schon meinte, sie würden mich umbringen, kam mein Baby zur Welt. Meine Tochter wog neuneinhalb Pfund und war achtundfünfzig cm groß.

Ich war überglücklich, denn ich hatte mir ein Mädchen gewünscht.

Das war einer der schönsten Augenblicke in meinem Leben.

Ich war kaputt, aber hungrig. Schließlich war es ja schon später Abend geworden und ich hatte an diesem Tag noch nichts gegessen.

Die Hebamme meinte, mein Hunger wäre ein gutes Zeichen. Die Zeichen waren mir egal, ich war froh, daß ich alles hinter mir hatte und wollte etwas essen.

Geschlafen habe ich die ganze Nacht nicht, denn ich habe nur nach meinem Baby gehört.

Am nächsten Tag war das weiße in meinen Augen rot und ich hatte einen Muskelkater, wie ich ihn noch nie kennengelernt hatte. Dann kam das Theater mit der Brust, die so groß wurde, daß ich keinen passenden BH bekommen konnte. Auch Brustentzündungen stellten sich ein.

Ich stillte meine Tochter neun Monate lang. Es war schön und praktisch, denn es war immer fertig, kostete nichts und es war nie zu heiß. Ich war stolz darauf, daß es so gut klappte. Nachdem ich mich ein paar Tage ausgeruht hatte, ging der Alltag wieder los.

Mein Mann konnte, trotz der Tatsache, daß wir jetzt eine richtige Familie waren und Verantwortung für ein Kind hatten, nicht an der Gastwirtschaft vorbei kommen.

Trotz allem hielt ich an der Hoffnung fest, daß es ja einmal anders werden müßte und kochte jeden Abend sein Essen. Obwohl ich genau wußte, daß er an bestimmten Abenden nicht nach Hause kam. Das Essen stand dann auf dem Herd und vertrocknete.

Manchmal hätte ich es gern aufgegessen, denn für mich kaufte ich nie Fleisch, dafür reichte mein Kostgeld nicht. Ich traute mich aber nicht es zu essen, denn wenn er dann doch nach Hause gekommen wäre, hätte ich nichts für ihn gehabt, und dann hätte er Krach mit mir gemacht. Am nächsten Tag warf ich das Essen dann in den Müll.

Nach einem Zechgelage kam mein Mann wieder einmal ziemlich betrunken nach Hause. Ich hatte nicht gehört, daß er geklopft hatte, denn ich hatte inzwischen gelernt, daß es keinen Zweck hatte auf ihn zu warten und war ins Bett gegangen. Plötzlich gab es einen schrecklichen Knall und ich saß aufrecht im Bett. Mein Mann hatte einen großen Stein durch das Fenster geworfen.

Ich bin sofort nach unten gelaufen, um die Tür zu öffnen. Als ich unten ankam, sah ich, daß er diese inzwischen schon eingetreten hatte. Ich schloß die Tür auf, er stürzte sich sofort auf mich und schlug auf mich ein.

So schnell ich laufen konnte, lief ich nach oben. Er aber kam hinter mir her, schnappte sich den Wecker und warf damit nach mir.

Ich bin dann über das Dach der Veranda nach draußen geflüchtet. Das war eigentlich schon der Anfang vom Ende.

Ich schämte mich, daß ich so einen Mann hatte und konnte keinen klaren Gedanken fassen. Krampfhaft überlegte ich, wie das alles weitergehen sollte.

Seit dieser Nacht hatte ich Angst vor meinem Mann. Ich versuchte aber, mir vor anderen nichts anmerken zu lassen, denn ich hatte ein Kind und dafür wollte ich sorgen. Mein Kind sollte nicht ohne Vater groß werden, denn darunter hatte ich so gelitten.

Ich bemühte mich, alles bei uns so schön wie möglich zu machen, aber diese Nacht vergaß ich nie. Ähnliches passierte später auch wieder.

Eines Nachts kam er wieder betrunken nach Hause und er wollte, daß ich mit ihm ins Bett gehe. Ich ekelte mich vor meinem betrunkenen Mann und deshalb wollte ich dies nicht. Da ging er zum Kinderwagen, nahm das Baby auf den Arm und wollte im betrunkenen Zustand auf dem Moped, mit dem Baby auf dem Arm, zu seiner Mutter fahren.

Er sagte: Eine Frau, die nicht einmal fürs Bett gut ist, könnte er nicht gebrauchen.

Mit viel Überredungskunst konnte ich ihn davon abbringen, mit dem Baby loszufahren. Dafür mußte ich aber mit ihm ins Bett gehen.

Er schlief auf mir ein, sein Speichel lief mir am Hals herunter und der starke Alkoholgeruch erregten Übelkeit bei mir.

Ich bin vorsichtig unter ihm herausgekrochen, um ihn nicht zu wecken. Der Ekel, den ich vor ihm hatte, steigerte sich dadurch.

Immer dicker wurde die Mauer zwischen uns und alles in mir sträubte sich dagegen, mit ihm meine ehelichen Pflichten zu erfüllen. Wenn ich ihn ablehnte, sagte er, ich solle den Körperteil, den er gerade benutzen wollte, in den Baum hängen, damit die Spatzen ihren Spaß daran hätten, oder ich solle es mir selber machen, dann wüßte ich, wie schwer es ist.

Er benahm sich abstoßend.

Zu dieser Zeit spielte ich schon mit dem Gedanken, mich von meinem Mann zu trennen, aber es gab einige Dinge, die mich davon abhielten.

Vor allen Dingen wollte ich, daß mein Kind einen Vater hatte, den ich ja immer so vermißt hatte.

Die Angst, wie ich mein Kind groß kriegen sollte, hielt mich auch davon ab, denn ich wußte, daß ich von keinem Hilfe zu erwarten hatte und das Gerede der Leute machte mir auch Angst. Denn in den Augen der anderen war immer die Frau dafür verantwortlich, wenn es in der Ehe nicht klappte.

Trotzdem sollte keiner wissen, daß ich so einen Mann hatte, denn ich schämte mich für ihn. So erzählte ich keinem von meinen Problemen.

In der Zwischenzeit hatte meine Mutter wieder einen Unfall gehabt. Sie hatte sich auf dem Weg, als sie die Einkäufe für die Familie meiner Schwester erledigte, das Bein gebrochen. Sie lag im Krankenhaus, und als sie mit ihrem Gipsbein entlassen wurde, brachte man sie zu mir.

Auf dem Bauernhof war sie jetzt nicht mehr zu gebrauchen, denn sie konnte dort mit dem Gipsbein nicht arbeiten. Mir wurde gesagt, daß es ja schließlich die Wohnung unserer Mutter war, die ich bewohnte. Was ja auch stimmte, obwohl sie gar nicht in die oberen Räume gelangen konnte und die untere Wohnung von meinem Bruder bewohnt wurde. Ab sofort schlief meine Mutter in dem provisorisch ausgebauten Schweinestall.

Den Tag verbrachte sie in der Küche, die ja im Erdgeschoß war.

Ich versorgte sie und bemühte mich, mir nichts von den Problemen, die ich mit meinem Mann hatte, anmerken zu lassen.

Ein Problem kam jetzt noch hinzu. Ich mußte für eine Person mehr kochen und mein Kostgeld reichte nicht einmal für uns. Mein Mann gab mir gerade so viel Geld, wie er bei seinen Großeltern abgegeben hatte, und das war nicht viel. Daß wir jetzt einen eigenen Haushalt und ein Kind hatten, bemerkte er gar nicht.

Ich wußte nie, wieviel Geld mein Mann verdient hatte, denn die Lohntüte bekam ich nicht zu sehen und das Geld trug er immer bei sich.

Als er einmal sehr betrunken war, stahl ich ihm etwas Geld aus seiner Brieftasche, weil ich kein Geld hatte um Lebensmittel einzukaufen. Ich war erstaunt, wieviel Geld er hatte, während ich nicht wußte, wovon ich die wichtigsten Lebensmittel kaufen sollte, die wir nötig gebrauchten.

Nach ein paar Wochen sollte unsere Tochter getauft werden.

Verwandte übernahmen die Patenschaft und ich regelte alles beim Pastor. Als der Sonntag, an dem die Taufe stattfinden sollte, da war, wunderte ich mich, daß mein Mann sich nicht umzog, denn ich hatte seinen Anzug und alles, was dazu gehörte, zurecht gelegt. Als ich ihn darauf ansprach, sagte er, daß er lieber sein Moped waschen wollte.

So kam es, daß ich mit den Paten und meiner Tochter alleine in die Kirche fuhr. Der Pastor war der Meinung, daß der Patenonkel der Vater des Kindes war und sprach ihn mit dem Namen meines Mannes an.

Gut, daß meine Tochter dies noch nicht verstand, sonst hätte sie sicher gelacht, denn Kinder können über so etwas noch lachen.

Als wir wieder zu Hause ankamen, war das Moped sauber und das Kind getauft.

Nachdem meiner Mutter der Gips abgenommen worden war, bemühte ich mich um eine andere Wohnung. Denn die Probleme, die ich mit meinem Mann und meiner Mutter hatte, belasteten mich sehr, und so konnte es nicht weiter gehen. Wohnungen waren aber sehr schlecht zu bekommen. Nach langem Suchen gelang es mir, zwei Zimmer bei zwei allein stehenden Männern zu mieten. Ich mußte die beiden Herren, Vater und Sohn, aber mitversorgen.

Es war ein Wagnis, aber ich ging es ein. Wäsche waschen, kochen und die Wohnung der beiden sauber halten, gehörten zu meinen Pflichten.

Da die beiden Herren lange ohne Frau in dem Haus gelebt hatten, ließen sie sich einiges einfallen, um mich in ihrer Nähe zu haben.

Ich habe einiges mitgemacht, selbst den Reistag, den der ältere Herr einmal in der Woche einlegte, an dem er den ganzen Tag im Bett blieb, um sich von mir bedienen zu lassen. Auch den starken Knoblauchgeruch, der in seinem Zimmer war, weil er große Mengen Knoblauchpillen schluckte, steckte ich weg. Aber als der ältere der beiden Herren wollte, daß ich ihm einen Knopf an den Hosenschlitz nähte, während er die Hose anhatte, wurde es mir zu dumm.

Ich sagte, er solle sich den Hosenknopf selber annähen und ging. Gekocht und geputzt habe ich dann auch nicht mehr für die beiden. Es war klar, daß ich so den Vertrag nicht eingehalten hatte und daß wir ausziehen mußten.

Wohin aber in einer Zeit, in der es keine Wohnungen gab.

Da mein Bruder inzwischen nicht mehr in meinem Elternhaus wohnte und meine Mutter die untere Wohnung bezogen hatte, standen die oberen Räume leer. Aus diesem Grund bot meine Mutter uns an, dort einzuziehen.

Mein Mann wollte aber nicht frei nehmen, um mir beim Umzug zu helfen. So machte ich mich mit meiner Mutter an die Arbeit. Wir schafften alles, was wir auf ihrem Handwagen befördern konnten, zurück in mein Elternhaus.

Das Schlafzimmer konnten wir beide aber nicht transportieren und so mußte mein Mann, wenn er denn darin schlafen wollte, dafür sorgen, daß es geholt wurde.

Sehr mürrisch holte er seinen Bruder, der zu dieser Zeit einen Firmenwagen hatte. Gemeinsam holten sie dann das Schlafzimmer.

Geheizt wurde zu der Zeit in meinem Elternhaus mit Kohleöfen. Ich benutzte eine Zeitlang Kohleanzünder, mußte es aber bald wieder aufgeben, weil ich von dem Geruch starke Kopfschmerzen bekam. Es wurde mir auch übel davon und ich bekam Schmerzen davon in den Bronchien. Das alles geschah 1962.

Inzwischen war ich wieder schwanger, obwohl ich mir bei der Geburt meiner Tochter geschworen hatte, nie wieder ein Kind zu bekommen.

Als ich meinem Mann dies erzählte, sagte er, ich solle zum Arzt gehen, er würde mir schon helfen, es »weg« zu machen.

Ich ging zum Arzt, aber nur, um mir bestätigen zu lassen, daß ich schwanger war. Eine Abtreibung wäre bei mir nicht in Frage gekommen, damit hätte ich nicht leben können. Ich hatte von dem, was sich da in meinem Bauch tat, immer noch nicht viel Ahnung. Für mich war da jetzt ein ganz kleines Kind, das wachsen und geboren werden wollte, und ich freute mich schon wieder darauf.

Außerdem hoffte ich, daß sich nach diesem Kind in unserer Ehe endlich etwas ändern würde. Mein ständiges Hoffen gab mir immer wieder neue Kraft.

Da ich mir vorgenommen hatte, uns ein schönes Zuhause zu schaffen, und mir mein Mann wenig Geld gab, versuchte ich mir etwas zu verdienen. Ich hackte Rüben und strickte Pullover und viele andere Sachen für fremde Leute. Von dem Geld schaffte ich einige Dinge an. Mit jedem Stück wurde die Wohnung schöner und ich war stolz darauf.

Mein Mann lebte sein gewohntes Leben weiter.

Die Monate vergingen und die Geburt meines zweiten Kindes nahte. Noch bis kurz vor der Geburt meines Kindes hackte ich bei Bauern Rüben. Plötzlich ging es mir nicht gut und ich war überrascht, denn diesmal fing es ganz anders an, als bei meiner Tochter.

Ich bekam plötzlich Blutungen und mein Arzt, den ich davon in Kenntnis setzte, machte sich Sorgen um mich und überwies mich in eine Klinik. Ich erzählte es meinem Mann, der dann sagte, ich solle dann man in die Klinik fahren.

So fuhr ich alleine, mit meinem Koffer in der Hand, mit dem Bus in die Klinik. Alle fragten nach meinem Mann und ich schämte mich, weil er nicht mitgekommen war.

Das Baby ließ lange auf sich warten.

Am Donnerstag war ich in die Klinik gefahren und am Montagmorgen wurde es geboren. Per Telefon ließ ich zu Hause ausrichten, daß unser Baby da war. Ich war überglücklich, denn jetzt hatte ich auch einen Sohn. Er war viel kleiner als meine Tochter bei der Geburt gewesen war. Denn er wog nur siebeneinhalb Pfund und war nur sechsundvierzig cm groß, aber er war süß und ich war glücklich und zufrieden.

Meine Mutter hatte bemerkt, das mein Mann nicht zur Arbeit gegangen war. Sie lief gleich nach oben, um ihm das freudige Ereignis mitzuteilen.

Als meine Mutter oben angekommen war, sah sie, daß mein Mann betrunken im Bett lag.

Meine Mutter erzählte meinem Mann, daß unser Sohn geboren war und er war froh, daß er jetzt eine Entschuldigung für seinen Chef hatte. Denn wenn die Ehefrau ein Kind bekommen hatte, bekam der Ehemann einen Tag Urlaub. Aus diesem Grund merkte sein Chef nicht, daß er nicht zur Arbeit gekommen war, weil er betrunken im Bett gelegen hatte.

Nachmittags kam mein Mann mit dem Stammbuch in die Klinik, denn das Kind mußte ja angemeldet werden.

Glücklich erzählte ich ihm von unserem Sohn. Ich bat ihn, in das Kinderzimmer zu gehen, um ihn in Augenschein zu nehmen. Das Verlangen meines Mannes, seinen Sohn zu sehen, war aber nicht so groß. Er sagte nur: Den könnte er noch lange genug zu Hause sehen.

Ich schämte mich vor den anderen Frauen im Zimmer, denn deren Männer hatten ganz begeistert ihre Sprößlinge betrachtet und kamen überglücklich zu ihnen zurück.

Das Verhalten meines Mannes gab mir das Gefühl, daß das Baby, das ich geboren hatte, nicht so viel wert war wie die anderen, und dies machte mich traurig.

Auch meinen Sohn stillte ich, genau wie meine Tochter, sehr lange, und es machte mir Spaß, denn er hatte immer einen riesigen Hunger.

Nach zehn Tagen Klinikaufenthalt kam ich trotzdem voller Optimismus nach Hause.

Meinen Traum von einer intakten Familie träumte ich immer noch.

Ich fing sofort an zu putzen, denn ich wollte es schön machen für meine Familie. Die Lebensgewohnheiten meines Mannes änderten sich jedoch nicht und mir wurde klar, daß sich daran auch nichts ändern würde.

Ich konzentrierte mich auf meine Kinder und verhielt mich ansonsten so, daß jeder glaubte, daß bei uns alles in Ordnung sei. Geld verdiente ich mir weiterhin dazu, wenn sich die Gelegenheit bot.

Wir gingen gemeinsam zu den Tanzfesten, die in unserem Dorf waren. Obwohl ich wußte, daß der nächste Tag wieder Ärger bringen würde, gab ich mich fröhlich. Ich wußte, daß mein Mann immer mehr trank, als gut für ihn war und daraus entstand immer wieder Ärger bei uns. Das Tanzen ließ mich den nächsten Tag vergessen, denn ich tanzte sehr gerne.

Meistens sah meine Mutter nach den Kindern, wenn wir weg waren. Es passierte aber auch, daß meine Schwester, bei der sie immer auf dem Bauernhof gewesen war, sie geholt hatte, wenn wir schon weg waren. Denn meine Mutter konnte jetzt, als ihr Bein geheilt war, wieder arbeiten, und dies nutzte meine Schwester schamlos aus.

Ich hatte dann ein schlechtes Gewissen, weil meine Kinder allein im Haus gewesen waren. Das Verhältnis zwischen meiner Mutter und meiner Schwester war für mich unbegreiflich. Sie haben sich ständig gestritten und trotzdem zog es sie immer wieder zueinander hin. Meine Schwester konnte einen unheimlichen Druck auf meine Mutter ausüben. Ich glaube, es war so eine Art Haßliebe.

Nachdem unsere Kinder Keuchhusten hatten, kränkelte unsere Tochter. Aus einer ständigen Bronchitis entwickelte sich Asthma.

Mir machte das große Sorgen und ich tat alles, um ihr zu helfen. Mein Mann fühlte sich jedoch dadurch gestört, denn er wollte seine Ruhe haben. Für jeden Asthmaanfall, den meine Tochter hatte, machte mein Mann mich verantwortlich und dadurch, weil er dann immer schimpfte, ging es meiner Tochter noch schlechter.

Bei einem Arzt, zu dem ich mit meiner Tochter zu einer Untersuchung geschickt wurde, mußte sie ein Bild malen. Sie sollte ihre Eltern durch ein Tier ersetzen. Mich malte sie als Schaf und meinen Mann als Stier. Mit ihrem unverdorbenen kindlichen Gefühl hatte sie genau das wiedergegeben, was bei uns zu Hause los war.

Meine Mutter benachrichtigte dann den Arzt, wenn meine Tochter einen Asthmaanfall hatte, weil ich mich nicht von meiner Tochter entfernen wollte und mein Mann nicht aufstand. Die Angst, daß meine Tochter ersticken könnte, ließ es nicht zu, daß ich von ihrem Bett wegging. Der Arzt kam dann und spritzte meiner Tochter etwas, wonach es ihr besser ging. Leider hielt die Besserung nie lange an.

Bald mußte ich mich einer Unterleibsoperation unterziehen.

Es dauerte einige Tage, bis ich mich von der Narkose erholt hatte. Starke Schmerzen am ganzen Körper, besonders stark an den Beinen, ähnlich wie bei einer Grippe, ließen mich nicht zur Ruhe kommen.

Durch die Sehstörungen konnte ich nicht einmal die Bilder an der Wand erkennen, und meine Arme waren so schwer, daß ich sie kaum hochheben konnte.

Schmerzmittel, die mir gespritzt wurden, halfen nicht, sondern verschlimmerten das Ganze eher noch.

Wenn ich das der Krankenschwester oder dem Arzt sagte, wurde mir nicht geglaubt. Im Gegenteil, sie waren der Meinung, daß ich mich anstellen würde.

Diese Probleme hatte ich bei meiner Blinddarmoperation auch schon gehabt. Auch hatte ich schon oft erlebt, daß ich tagelang starke Schluckbeschwerden, Herzrasen und schwere Arme hatte, nachdem ich beim Zahnarzt Betäubungsmittel gespritzt bekommen hatte.

Nach einer Brustoperation, die ein paar Jahre später vorgenommen werden mußte, passierte das gleiche. Es dauerte Wochen, bis ich mich wieder erholt hatte.

Unsere Tochter ging inzwischen zur Schule.

Durch das Asthma war sie sehr gehandikapt. Oft mußte sie nach einem schweren Asthmaanfall der Schule fernbleiben.

Nächtelang saß ich bei ihr am Bett und rieb ihr mit meiner Hand den Rücken, um ihr Erleichterung zu verschaffen. Hilfe von meinem Mann hatte ich nie. Im Gegenteil, er ermahnte mich ruhig zu sein, denn er wollte schlafen.

Ab und zu saß meine Mutter jetzt bei mir oben in der Stube. So war es auch eines späten Abends, als mein Mann sturzbetrunken nach Hause kam. Er ging auf meine Mutter zu, faßte ihr auf das Knie und sagte zu ihr, er wolle jetzt mit ihr alles nachholen, was sie im Leben versäumt hatte.

Meine Mutter kochte vor Wut. Sie stand sofort auf und ging nach unten. Seitdem nahmen die Probleme mit meiner Mutter zu.

Von Kindheit an hatte ich gelernt, mit meiner Mutter umzugehen. Ich wußte, wie ich am Besten mit ihr zurecht kam. Aber jetzt mußte ich die Unverschämtheiten meines Mannes ausbügeln. Ich schämte mich für ihn und versuchte, seine Fehler wieder gut zu machen.

Mir ging es gesundheitlich nicht gut.

Ich konnte einige Lebensmittel nicht vertragen und war ständig bei einem Arzt in Behandlung, der mir Tabletten für meinen Magen verordnete.

Diese Tabletten konnte ich aber auch nicht vertragen.

Meine Mutter entwickelte Haßgefühle gegen meinen Mann, denn sie bekam natürlich mit, daß ich oft nicht wußte, was ich kochen sollte, weil ich kein Geld hatte. Während mein Mann in die Gastwirtschaft ging und Geld für Alkohol ausgab.

Sie hatte mich gelehrt, gefügig zu sein. Jetzt aber mißfiel ihr der eigene Erfolg, denn sie erwartete jetzt von mir, daß ich mich massiv zur Wehr setzte. Was ich, aus Angst vor meinem Mann, nie tat.

Um die Probleme abzustellen, die ich dadurch auch noch mit meiner Mutter hatte, bemühte ich mich um eine andere Wohnung.

Nach langem Suchen bekam ich eine und wir zogen 1966 um.

Die Wohnung war sehr klein, und unsere Kinder mußten weiterhin bei uns im Schlafzimmer schlafen. Es konnte keine Wohnung für die Dauer sein. Dies war mir klar, aber ich war froh, daß wir erst einmal eine hatten.

Der Gesundheitszustand meiner Tochter verschlechterte sich,

aber mein Mann war immer noch nicht bereit, mich zu unterstützen. Ihm war es sogar zu viel, die Medikamente, die der Arzt verordnete, aus der Apotheke zu holen.

Wenn ich zum Arzt mußte, ging ich abends die drei km zu Fuß, während mein Mann auf dem Sofa lag und fern sah. Es wäre kein Problem für ihn gewesen, mich zum Arzt zu fahren, denn wir hatten ein Auto. Hatte unsere Vermieterin jedoch einen Wunsch, fuhr er sofort mit ihr los.

Der Arzt meiner Tochter, der auch meiner war, riet mir, mit meiner Tochter zur Kur zu fahren. Was dann auch geschah. Mein Sohn, der glücklicherweise gesund war, sollte so lange bei der Mutter meines Mannes bleiben, bei der mein Mann auch essen sollte.

Es fiel mir sehr schwer, mich von meinem Sohn zu trennen, aber ich mußte an die Gesundheit meiner Tochter denken.

Es war sehr erholsam für meine Tochter und mich, aber ich sehnte mich nach meinem Sohn und ich machte mir Sorgen um ihn. Als wir zurückkamen, stand mein Mann mit meinem Sohn auf dem Bahnhof um uns abzuholen. Beim Anblick meines Sohnes hätte ich am liebsten geweint. Mein Mann hatte meinem Sohn die Haare, die ich immer so gepflegt und geliebt hatte, zu einem Igelschnitt schneiden lassen, und die Augen meines Sohnes waren ganz entzündet. Ich bemerkte sofort, daß mein Sohn unglücklich war, und das tat mir weh.

Zur Kur fuhr ich noch einige Male mit meiner Tochter, aber meinen Sohn nahm ich jetzt immer mit. Ich habe das Bild meines Sohnes bei der Rückkehr nach der ersten Kur nie vergessen.

Mein Sohn entwickelte sich prächtig und plötzlich kam auch er zur Schule. Daran merkte ich, wie schnell die Zeit verging, denn jetzt hatten wir 1969.

* * *

Inzwischen hatten wir uns ein Haus gemietet, das neben meinem Elternhaus stand, denn unsere bisherige Wohnung war mit den heranwachsenden Kindern einfach zu klein geworden.

Das gemietete Haus war sehr heruntergekommen, und es kostete viel Geld, um es in Stand zu setzen. Da meine Kinder jetzt beide in die

Schule gingen, wollte ich arbeiten, um Geld zu verdienen. Es mußte aber in der Nähe sein, denn ich wollte im Notfall immer für meine Kinder zu erreichen sein.

Ich hatte Glück, denn ich bekam Arbeit in einer Schlosserei, ganz in unserer Nähe. Ich freute mich und ging mit viel Elan an die Arbeit. Anfangs ging es sehr gut. Ich stand früh auf und erledigte meine Hausarbeit, bevor ich zur Arbeit ging. Die Kinder hatten gefrühstückt. Meine Tochter war zur Schule und mein Mann schon zur Arbeit, bevor ich zur Arbeit ging.

Meinem Sohn stellte ich den Wecker, damit er wußte, wann er losgehen mußte, um pünktlich zur Schule zu kommen.

Dadurch, daß ich jetzt selber Geld verdiente, wurde ich auch selbstsicherer, was meinem Mann gar nicht gefiel. Ich machte den Führerschein, damit ich diesbezüglich nicht mehr so abhängig war.

Da ich in der Nähe arbeitete, konnten meine Kinder mich, wenn es sein mußte, immer erreichen. Es machte ihnen aber auch Spaß, zu meiner Mutter zu gehen, wenn die zu Hause war.

Ich kümmerte mich, wenn es sein mußte, um meine Mutter. Die Kinder brachten ihr fast jeden Abend eine warme Mahlzeit, denn ich wußte, daß sie sich kaum etwas kochte.

Einmal hatte sie eine schwere Thrombose. Da sie nicht in ein Krankenhaus wollte, versorgte ich sie. Was mir nicht leicht fiel neben der Arbeit im Betrieb und zu Hause.

Meine jüngste Schwester brachte ihr in den vielen Monaten ein paar Mal etwas zum Mittagessen. Als meine Mutter wieder gesund war, schenkte sie meiner Schwester ein Sideboard. Sie sagte, sie müßte sich meiner Schwester gegenüber erkenntlich zeigen.

Wenn ich meine Mutter nicht selber die ganzen Monate versorgt hätte, wäre es mir sicher egal gewesen, aber so war ich doch ziemlich erstaunt über ihr Verhalten. Denn mein Tag war immer verplant, und darüber dachte keiner nach.

In der Mittagspause ging ich nach Hause und bereitete für die Kinder das Mittagessen zu. Meistens gab es dann nur eine Kleinigkeit, denn wir aßen Abends alle gemeinsam die Hauptmahlzeit. In den Monaten, in denen ich meine Mutter versorgte, mußte ich in der Mittagspause aber auch noch dafür sorgen, daß meine Mutter etwas zu essen bekam. Andere wichtige Dinge bei ihr mußte ich auch noch erledigen, so daß ich selber nie zum Essen kam.

Am späten Nachmittag, wenn ich von der Arbeit kam, ging es zu Hause weiter. Die Kinder warteten schon ungeduldig mit allerlei Sachen. Dann kochte ich das Abendessen, und es mußte auch gewaschen und gebügelt werden.

Den Großeinkauf erledigte ich am Samstag. Andere wichtige Dinge mußten auch an den Wochenenden erledigt werden.

Von meinem Mann hatte ich keine Hilfe. Er wartete nur darauf, daß ich die Arbeit aufgab.

Oft kam es vor, daß ich die Nacht bei meiner Tochter am Bett gesessen hatte. Aber ich ging trotzdem zur Arbeit.

Diese Asthmaanfälle wiederholten sich bis zu dreimal in der Woche. Bei Untersuchungen zeigte sich, daß meine Tochter viele Allergien hatte, die das Asthma auslösten.

Bei meinem Sohn stellte ich auch Unverträglichkeiten fest. Er hatte oft rote Flecken am ganzen Körper und eine ständig gereizte Nase, bis hin zu Nasenbluten.

Der Arzt führte es auf gespritztes Obst und Badezusätze zurück. Nach dem Besuch in der Schwimmhalle, hatte er immer Nasenbluten.

An Tagen nach schweren Asthmaanfällen saß meine Mutter am Bett meiner Tochter, damit sie nicht alleine war. Ansonsten trafen sich die Kinder aus der Nachbarschaft bei uns, so daß sie immer beschäftigt waren. Trotzdem hatte ich oft ein schlechtes Gewissen, denn mein Sohn war doch noch sehr klein und meine Tochter vermißte mich sicher auch, vor allem, wenn sie krank war.

Als mein Sohn in diesem Jahr seinen zehnten Geburtstag hatte, feierte er mit ein paar Freunden aus der Nachbarschaft. Mein Mann war weg gewesen und wurde sturzbetrunken nach Hause gebracht. Er fiel im Wohnzimmer um, in dem die Kinder saßen, und lag auf dem Teppich.

Die Freunde meines Sohnes amüsierten sich und lachten. Mein Sohn aber war unglücklich und schämte sich für seinen Vater.

Meinem Mann paßte meine Selbständigkeit immer weniger und er machte mir das Leben schwer.

Er verlangte Dinge von mir, die seine Pflicht gewesen wären. Ich mußte jetzt sogar mit dem Auto in die Werkstatt, um neue Reifen aufziehen zu lassen. Als ich einmal wiederkam, stand er in der Küche und sah aus dem Fenster. Obwohl es schon Mittag war, hatte er nicht einmal den Frühstückstisch abgedeckt, den ich für ihn gedeckt hatte. Denn er schlief noch, als ich losfuhr, und sein Frühstückstisch mußte immer gedeckt sein.

Er wollte, daß mir alles zu viel wurde und ich dann aufhören würde zu arbeiten. Ich wollte aber nicht wieder um jede Mark betteln und vor allem wollte ich meinen Kindern Dinge ermöglichen, die ich nicht haben konnte.

Ich merkte aber, daß mein Mann ganz anderer Meinung war. Ich hatte oft das Gefühl, daß mein Mann Dinge, die er nicht gehabt hatte, den Kindern auch nicht gönnte, und dadurch trennten uns Welten.

Dies fiel mir besonders auf, als mein Sohn eine Eisenbahn zu Weihnachten haben sollte.

Ich hatte alles gekauft und fragte ihn dann, ob er mir helfen würde, die Eisenbahn aufzubauen. Er aber verweigerte mir die Hilfe, in dem er sagte: Ihm hätte auch keiner eine Eisenbahn geschenkt. Genauso erging es mir, als ich in einem anderen Jahr einen Bauernhof für meinen Sohn und eine Puppenstube für meine Tochter bastelte.

Anfangs versuchte ich noch, mit meinem Mann ein Gespräch zu führen, gab es aber schnell wieder auf, denn es war nicht möglich, mit ihm zu reden. Nur seine Meinung zählte und er hatte immer recht.

Auch mit den Mahlzeiten wurde es jetzt noch schlimmer. Es war schon immer schwierig gewesen, für meinen Mann zu kochen, aber jetzt nahm seine Kritik am Essen noch zu. Wahrscheinlich mußte er mich immer erniedrigen, um sich selber größer zu fühlen.

Auch ärgerte er die Kinder beim Essen, und er benahm sich so, wie ich ihn erlebt hatte, als wir bei seiner Mutter waren und er mit seinen Geschwistern um die Gunst seiner Mutter stritt. Meistens ging es so lange, bis mein Sohn weinte.

Vor Aufregung, daß mein Sohn beim Essen immer neben meinem

Mann sitzen mußte, kippte er regelmäßig sein Glas mit der Milch um und das brachte dann auch schon wieder Ärger.

Alles, was bei uns nicht so lief, wie mein Mann es sich vorgestellt hatte, lag nach seiner Meinung, an mir. Ich hatte immer die Schuld. Er redete mir dann ein schlechtes Gewissen ein, in dem er mir vorhielt, was andere Frauen alles können. So komisch es sich auch anhören mag, ich bemühte mich dann noch mehr, um alles zu seiner Zufriedenheit zu machen. Aber es war nie genug, was ich machte.

Mein Mann brauchte jemanden, den er ärgern konnte und dem er zeigen konnte, daß er stärker war. Leider suchte er sich immer ganz Schwache dafür aus.

Da ich jetzt viele Menschen kennenlernte, bemerkte ich auch, daß es in anderen Ehen nicht so war, wie bei uns. Das machte mich ziemlich unglücklich, denn auch ich hatte mir meine Ehe anders vorgestellt.

Mein Mann interessierte sich für nichts, wenn es die Familie betraf. Ob es um die Schule ging, um Anschaffungen oder um Geschenke für die Kinder zum Geburtstag oder zu Weihnachten, ihm war alles zuviel, er wollte bloß immer seine Ruhe haben und fühlte sich genervt, wenn ich ihn auf diese Dinge ansprach. Ich aber hatte mir eine Ehe vorgestellt, in der alles miteinander besprochen wurde. Die Uneinigkeit spitzte sich so zu, daß die Spannung bei uns unerträglich wurde.

Nachdem wir auf einem Tanzfest gewesen waren und mein Mann wieder zuviel getrunken hatte, schlug er mich erneut.

Am nächsten Tag nahm ich all meinen Mut zusammen und sagte ihm, daß ich dies alles nicht mehr mitmachen würde, denn er würde nach jedem Fest mit mir randalieren.

Um mir zu demonstrieren, was für ihn randalieren war, warf er den Küchentisch um. Er hatte nichts begriffen, denn der Tisch hatte keine Seele und keinen Körper, der nach Mißhandlungen weh tat.

Die blauen Flecke, die ich hatte, tat er damit ab, daß ich ja immer so schnell blau wurde.

Danach packte ich ein paar Sachen zusammen und ging mit meinen Kindern zu meiner Mutter. Am nächsten Tag reichte ich die Scheidung ein.

Dies war 1975 und es gab gerade Sommerferien, deshalb fuhr ich mit den Kindern an den Ort, an dem wir früher oft zur Kur gewesen waren. Erholung hätte uns sicher gut getan, doch plötzlich stand mein Mann in der Tür und der Streß ging weiter. Jeden Tag versuchte er mich zu erpressen, in dem er sagte, er würde die Kinder auseinanderreißen. Er würde dafür sorgen, daß er unseren Sohn bekommt. Dieser Gedanke war unerträglich für mich, aber ich traute ihm so ein Handeln zu.

Nachdem die gebuchte Zeit vorüber war, fuhren wir gemeinsam nach Hause zurück. Die Kinder litten unter den Streitigkeiten und ich ließ mich von meinem Mann dazu überreden, wieder zu ihm zurück zu kommen. Ich bat mir aber aus, von ihm in Ruhe gelassen zu werden.

Was es für meinen Mann war, was in dieser Nacht passierte, weiß ich nicht, für mich war es jedenfalls eine Vergewaltigung.

Wenn ich bis dahin vielleicht noch etwas empfunden hatte, war auch das damit abgetötet.

Ich stürzte mich in die Arbeit. Der Wunsch, etwas auf die Beine zu stellen, damit meine Kinder es einmal besser als ich haben würden, verfestigte sich bei mir. Gleichzeitig mußte ich aber darauf achten, daß alles in unserer Ehe nach der Vorstellung meines Mannes lief. War es einmal anders, hatte er schlechte Laune und die Kinder mußten darunter leiden.

Mein Mann schlug die Kinder dann bei den geringsten Anlässen. Stolz erzählte er überall, daß er immer gleich alle beide mit seinem Pantoffel schlagen würde, so würde er immer den richtigen treffen.

Mich zerriß es fast, denn ich hatte zu Hause oft genug gesehen, wie Kinder geschlagen wurden.

Es stellten sich Mitte 1975 unterschiedliche Beschwerden bei mir ein.

Während ich in der Schlosserei Schweißarbeiten verrichten mußte, wurde mir ständig übel.

Ich bekam Kopfschmerzen und Fieber. Es dauerte nicht lange, bis Magenschmerzen und Durchfall dazu kamen.

Mein Arzt, den ich aufsuchte, nannte es »Metalldampffieber«.

Nachdem ich ein paar Tage nicht gearbeitet hatte, verbesserte sich mein Zustand wieder, aber bald stellten sich neue Probleme ein. Ich bekam taube Beine und Sehstörungen.

Oft knickte ich um und fiel sogar hin.

Ich war bei vielen Ärzten und in einigen Kliniken, aber keiner der Ärzte konnte mit meinen Symptomen etwas anfangen, denn bei den Untersuchungen waren angeblich keine auffälligen Befunde gewesen.

Als ich bei den Ärzten nicht weiterkam, ging ich zu einem Heilpraktiker.

Der war der Meinung, daß ich Raucherbeine hätte, obwohl die Untersuchungen bei einem Gefäßspezialisten ohne Befund gewesen waren.

So arbeitete ich weiter in der Schlosserei, bis sich starke Nieren- und Blasenschmerzen einstellten. Außerdem hatte ich ständige Schmierblutungen.

Mein Hausarzt hatte für all dies keine Erklärung und so schickte er mich zu einem Urologen, auch überwies er mich in die Frauenklinik.

Der Urologe, den ich aufsuchte, diagnostizierte eine Nierenbeckenentzündung.

In der Universitätsfrauenklinik, in der ich untersucht wurde, stellte man eine Endometriose fest. Wieder wurde ich eine kurze Zeit krank geschrieben, ging dann aber bald wieder zur Arbeit, weil mein Hausarzt keinen Grund sah, mich länger krank zu schreiben.

Nachdem ich eine Woche gearbeitet hatte, nahmen meine Beschwerden wieder zu. Am Wochenende bekam ich so starke Blasen- und Nierenschmerzen, daß ich mich kaum noch bewegen konnte.

Mein Bauch war so dick geworden, daß ich meinte, er müsse jeden Augenblick platzen.

Ein Arzt, der gerade Wochenenddienst hatte, verordnete mir ein Medikament, daß mir aber nicht half. Im Gegenteil, meine Schmerzen nahmen zu, nachdem ich es eingenommen hatte.

Ratlos überwies mich dieser Arzt in die Universitätsklinik.

Da mein Mann sich wieder einmal drückte, fuhr eine meiner Schwestern mich in die Klinik.

Dort angekommen, nahm man mir einige Liter Wasser ab. Eine Erklärung für das angesammelte Wasser konnte mir keiner geben.

Da ich von den Schmerzen so erschöpft war, daß ich kaum in der Lage war, ein Gespräch zu führen, sprach meine Schwester mit dem

Arzt. Während des Gespräches fragte sie den Arzt auch, ob ich in der Klinik bleiben müßte.

Der Arzt sagte: Eine so gesunde Frau können wir hier nicht gebrauchen. So rappelte ich mich wieder auf und fuhr nach Hause zurück.

Ich hatte schrecklichen Durst und trank. Aber ich bemerkte schnell, daß meine Blase nichts wieder hergab. Am nächsten Tag war der Bauch wieder dick und die Schmerzen unerträglich.

So mußte ich wieder in die Klinik, um das Wasser abnehmen zu lassen. Eine Blasenlähmung wurde jetzt diagnostiziert, und nachdem die Blase gespiegelt worden war, sagte man mir, daß ich Entzündungen in der Blase hätte.

Ein Dauerkatheter sollte das Problem mit der Blasenlähmung lösen. Man setzt ihn sogleich ein. Außerdem gab mir der Arzt eine Pakkung Tabletten, die ich regelmäßig einnehmen sollte.

Als der Arzt mir die Tabletten über den Schreibtisch reichte, sagte er: Guten Appetit. Danach konnte ich gehen. Ein vertrauensvolles Gefühl konnte ich zu diesem Arzt nicht entwickeln. Ich hatte eher das Gefühl, daß er meine Probleme ins Lächerliche zog.

Ich sollte mit dem Bus nach Hause fahren, es gelang mir dann aber doch, ein Rezept für ein Taxi zu bekommen, daß mich nach Hause fuhr.

Todunglücklich kam ich mit den Tabletten in der Hand, die dafür sorgen sollten, daß meine Blase ihre Aufgabe übernimmt, zu Hause an.

Ich nahm die Tabletten. Sie regten meine Blase nicht an, aber sie sorgten dafür, daß ich nicht mehr schlafen konnte.

Jetzt mußte ich immer in die Klinik zur Kontrolle. Jedesmal wurde der Katheter herausgenommen, die Blase gespült und ein neuer Katheter eingesetzt. Am Heiligen Abend nahm man den Dauerkatheter, nachdem ich ihn einige Wochen getragen hatte, heraus, ohne dann wieder einen neuen einzusetzen. Alle hofften auf das Wunder der Heiligen Nacht.

Ich auch.

Mit viel Geduld, sitzend über Wasserdampf, entlockte ich meiner Blase etwas von ihrem Inhalt. Es war ein Geduldsspiel, aber ich schaffte es so, ohne Katheter auszukommen.

Da mein Gangbild sich inzwischen auch schon verändert hatte, schickte mein Hausarzt mich jetzt in die Neurologische Universitätsklinik. Ich wurde durchgecheckt, wie sie es nannten.

Bei der ersten Untersuchung war es dem Arzt besonders wichtig zu erfahren, ob ich etwas spürte, wenn das Glied meines Mannes in mich drang.

Ich fand diese Frage ekelhaft und beantwortete sie deshalb nicht.

Wenn Visite war, durfte jeder der Ärzte einmal irgendwo klopfen und es waren immer genügend Ärzte da, die etwas lernen sollten. Immer wieder mußte ich vor ihnen hin und her gehen, damit sie mein Gangbild genau betrachten konnten. Einig waren sie sich darüber, daß mein Gangbild in kein Krankheitsbild paßte.

Noch nie hatte ich gehört, daß man am Gangbild eines Menschen die Diagnose der Krankheit stellen konnte. Mir erschien dies zu einfach, und ich machte mir über die Fähigkeiten der Ärzte meine Gedanken.

Als ich einmal von der Toilette zurückkam, erwartete mich im Flur eine Krankenschwester. Sie wolle Harnrest messen, sagte sie. Da ich inzwischen gelernt hatte, meine Blase in mehreren Anläufen und mit sehr viel Zeitaufwand, so gut es ging, leer zu pressen, war des Ergebnis ihres Vorhabens nicht so sehr groß. Sie sagte, nachdem sie ihre Arbeit verrichtet hatte, zu mir: Wer hat denn hier etwas mit der Blase, viel besser kann ich es auch nicht.

Eine andere Krankenschwester, die immer besonders flott lief, ahmte eines Tages mein Gangbild nach. Als ich sie fragte, ob etwas passiert wäre, meinte sie, daß würde sie immer machen, wenn sie keine Lust mehr zur Arbeit hätte.

Ich spürte natürlich an diesen und anderen Dingen, daß man mich nicht ernst nahm, aber ich wußte nicht, was ich machen sollte. Ich fühlte mich ausgeliefert.

In einem Rollstuhl fuhr man mich in unterschiedliche Kliniken, wo ich von vielen Ärzten untersucht wurde. Man brachte mich auch in die Neurochirurgie zu einer Untersuchung, um auszuschließen, daß ich einen Tumor hatte. Dort wurde aber nichts festgestellt.

Jetzt sollte mein Liqour untersucht werden und so wurde ich punktiert. Dieser Vorgang wurde dann noch zweimal wiederholt.

Beim ersten Mal sagte man mir, daß Röhrchen wäre verloren gegangen und beim zweitenmal hatte man angeblich eine Untersuchung nicht mitgemacht.

Da ich gelernt hatte, gefügig zu sein, hielt ich still. Aber auch hierbei durfte jedesmal ein anderer üben, denn es stand immer ein Arzt dabei, der dem ausführenden Arzt erklärte, wie das ganze gehandhabt wurde. Geschulte Ärzte machten so etwas nur bei bestimmten Patienten.

Später sollte die Untersuchung noch einmal wiederholt werden, da lehnte ich es aber ab.

Nach diesen Tortouren eröffnete man mir, es war 1976, daß ich Multiple Sklerose hätte.

Die Ärzte waren sehr zufrieden mit sich, und so bekam ich Cortison. Über sechs Wochen wurde eine ganz hohe Dosis angeordnet, dann sollte die Menge reduziert werden. Die Cortisonkuren machte ich einige Male in dieser Klinik. Mir ging es nach dem Aufenthalt dort schlechter.

Mein Mann besuchte mich Sonntags für eine Stunde, gab mir aber zu verstehen, daß er dazu keine Lust hatte, denn er wollte das Fußballspiel unseres Dorfvereines sehen.

Große Sorgen machte ich mir um meine Kinder.

Täglich dachte ich daran, wie es wohl zu Hause laufen würde, denn meine Tochter war jetzt in einem Alter, wo sie schon oft etwas mit Freunden unternahm. Wie es zwischen meinem Mann und meinem Sohn zuging, wußte ich ja genau.

Ich hatte zu Hause schon früh gelernt, mich so zu verhalten, daß ich so gut es ging mit allen Problemen fertig wurde, und bei meinem Mann war ich gezwungen, es so weiterzumachen, wenn ich irgendwie zurecht kommen wollte. Meine Kinder hielt ich dazu an, sich auch so zu verhalten, aber jetzt war ich nicht da, um zu vermitteln, und das machte mir große Sorgen.

Wenn meine Kinder mich besuchten, klagten sie über ihren Vater, was ich gut verstand. In Gesprächen, die ich viel später mit meinen Kindern führte, wurde mir erst richtig klar, wie sie in ihrem Elternhaus gelitten haben. Ich wollte ihnen unbedingt ihren Vater erhalten. Heute ist mir klar, daß es falsch war.

Nach einigen Wochen wurde ich aus der Klinik entlassen, worüber ich sehr froh war. Mein Bauch war inzwischen dick vom Cortison und mein Gangbild hatte sich verschlechtert. Eine Nachbarin, die mich besuchte, meinte, ich hätte mich gut erholt, denn ich hatte nach ihrer Meinung gut zugenommen.

Mein Hausarzt empfahl mir, die Rente einzureichen, denn Krankengeld würde ich nicht mehr lange bekommen. Ich tat es und mein Rentenversicherungsträger schickte mich daraufhin zu einer Rehabilitationskur.

Dort bekam ich eine Menge Bäder und andere Behandlungen. Da mein Zustand sich verschlechterte, wurde die Behandlung reduziert.

Mein mich dort behandelnder Arzt war der Meinung, daß ich einen akuten MS-Schub hatte, und so bekam ich dort auch wieder Cortison.

Eines Tages bekam ich Besuch von zwei Herren, die im Auftrage meines Versicherungsträgers mit mir darüber reden sollten, was ich nach der Entlassung aus der Reha-Klinik arbeiten wollte.

Ich fühlte mich ziemlich krank und konnte ihnen nichts darauf antworten. Da fragte mich einer der Herren, ob ich glaubte, daß ich wegen meiner schönen blauen Augen dort wäre. Man rechne fest damit, daß ich nach dem Aufenthalt dort wieder arbeiten könnte. Was ich, wenn es meine Gesundheit erlaubt hätte, auch gerne getan hätte.

Ein viertel Jahr später bekam ich Rente mit erst sechsunddreißig Jahren, denn der Arzt der Reha-Klinik hatte die Diagnose Multiple Sklerose bestätigt.

Mein Zustand hatte sich während des Aufenthaltes in der Reha-Klinik so verschlechtert, daß ich das linke Bein gar nicht mehr anheben konnte. Ich zog es bei jedem Schritt hinter mir her.

Wenn ich barfuß oder auf flachen Schuhen stand, fiel ich immer nach hinten. Aus diesem Grund trug ich nur noch Schuhe mit einem kleinen Absatz. So konnte ich das Gleichgewicht auspendeln.

Da mein Zustand es nicht zuließ, alle Hausarbeiten selbst zu machen, und ich keine Hilfe von meinem Mann hatte, nahm ich mir eine Haushaltshilfe, die die schwerste Arbeit verrichtete.

Meine Tochter ging zu dieser Zeit in die Realschule und mein Sohn auf ein Gymnasium. Ich mußte jetzt regelmäßig zur Krankengymnastik. Gegen die Schmerzen im Rücken und im Kopf bekam ich Schmerztabletten.

Für die Blase nahm ich weiterhin die anregenden Tabletten, und da ich durch diese nicht schlafen konnte, bekam ich auch noch Schlaftabletten, die ich auch schon in der Uni-Klinik bekommen hatte.

Die Endometriose machte mir auch noch Probleme und deshalb mußte ich dagegen Hormone nehmen.

Wir heizten unsere Wohnung in dieser Zeit mit Ölöfen. Der Geruch machte mir sehr zu schaffen. In der Heizperiode war mir oft übel und ich war ganz benommen.

Meine Mutter saß jetzt oft bei mir, denn sie langweilte sich zu Hause. Bei Glatteis rutschte sie auf dem Weg zu mir aus und brach sich einen Arm.

Der Arm kam in Gips, und da sie sich dadurch zu Hause nicht alleine versorgen konnte, saß sie jeden Tag bei mir.

Obwohl ich selber schlecht laufen konnte, ging ich jeden Morgen zu ihr herüber, um ihr beim Einkleiden behilflich zu sein. Ich nahm sie dann mit zu mir und Abends ging ich mit ihr nach Hause und brachte sie ins Bett.

Die Festtage verbrachte sie meistens auch bei uns. Wollte sie einmal einer meiner Geschwister besuchen, brachte sie diese auch noch mit zu mir. Meinen Geschwistern gefiel es genauso gut wie meiner Mutter, denn so brauchten sie sich keine Gedanken um sie zu machen, denn sie wußten sie ja versorgt.

1978 sollte bei uns im Dorf eine neue Siedlung gebaut werden, und mein Mann schlug vor, dort auch ein Haus zu bauen.

Mir war es recht, denn ich vermutete schon lange, daß die Verschlimmerung der Asthmaanfälle meiner Tochter mit unserem jetzt bewohnten Haus zusammenhing.

Die Wände des Hauses waren von Pilz befallen. Es war dort recht feucht und es roch ständig muffig.

So bewarben wir uns um ein Grundstück, und ich kümmerte mich um die Finanzierung, denn damit wollte mein Mann nichts zu tun haben.

Bevor es Herbst wurde, war alles geregelt und wir warteten darauf, daß es mit dem Bauen losgehen würde.

Da man mir die Diagnose Multiple Sklerose gestellt hatte, sollte das Haus so gebaut werden, daß ich, falls ich auf Dauer im Rollstuhl sitzen würde, zurecht käme. Wir mußten aber das Frühjahr abwarten, denn als unsere Baugenehmigung kam, war es schon zu spät, um noch vor dem Winter anfangen zu können.

In diesem Zeitraum schlug mir mein Arzt vor, wieder einmal zur Kur zu fahren, um eventuell eine Verbesserung zu erzielen.

Es waren inzwischen einige Jahre vergangen und vielleicht gab es ja etwas Neues, das mir half. Mein Arzt beantragte die Kur und sie wurde auch sofort bewilligt. Also fuhr ich im Januar 1979 los. Nach meiner Ankunft in der Klinik wurden mir viele Fragen gestellt, unter anderem auch, wie viele Geschwister wir waren.

Der Arzt verzieh mir, daß wir vierzehn Geschwister waren, da man ja zu dieser Zeit noch kein Fernsehgerät gehabt hätte und die Menschen vor lauter Langeweile sonst nicht gewußt hätten, was sie machen sollten. So kam ich zu der Erkenntnis, daß ich kein Kind der Liebe, sondern ein Kind der Langeweile war.

Das war von dem, was ich dort erfuhr, das einzig Neue für mich, denn das andere kannte ich schon.

Die Behandlungen dort machten mir die gleichen Probleme, wie in den anderen Kliniken.

Als die bewilligte Zeit vorüber war und ich entlassen wurde, hatte mein Zustand sich verschlechtert. Ich benötigte jetzt Krücken um mich fortzubewegen.

Nachdem ich wieder zu Hause war, warteten wir auf den Frühling, damit die Baugrube ausgehoben werden konnte. Im Mai ging es los mit den Erdarbeiten und alles andere folgte zügig. Handeln war angesagt, denn unsere Finanzierung war genau geplant. Den Rohbau vergaben wir und für die anderen Arbeiten nahmen wir uns Hilfe unter der Hand an. Einen Teil der Arbeiten machte mein Mann selber.

Da ich auf der Baustelle nicht viel helfen konnte, machte ich mich daran, aus Rattan Lampen, Stühle und einen Tisch herzustellen. Ich hatte die Handhabung während der letzten Kur gelernt, wo ich schon einiges angefertigt hatte. Nach der Fertigstellung wurden die Sachen mit Holzlasur gestrichen.

Mir ging es nach dieser Arbeit sehr schlecht. Kopfschmerzen, Sehstörungen, Übelkeit, Gleichgewichtsstörungen und Gangbild verschlechterten sich erheblich.

Inzwischen war es Herbst und meiner Tochter ging es wieder schlechter. Mit einem schweren Asthmaanfall mußte sie in ein Krankenhaus.

Als sie abgeholt wurde, schnappte ich mir meine Krücken und fuhr mit ins Krankenhaus.

Den diensthabenden Arzt unterrichtete ich davon, daß meine Tochter von einem Medikament schon sehr viel bekommen hatte und sie davon auf keinen Fall etwas haben durfte, weil ihr davon schon übel geworden war.

Der Arzt sagte zu mir: In Form von einer Spritze wäre dies etwas ganz anderes und so bekam meine Tochter dieses Medikament. Sofort brach ihr Kreislauf zusammen und sie mußte auf die Intensivstation.

Ich wartete im Flur, bis ich zu ihr durfte. Nachdem ich an ihrem Bett gewesen war und gesehen hatte, daß es ihr etwas besser ging, fuhr ich nach Hause zurück.

Stunden der Angst hatte ich wieder hinter mich gebracht und wollte nach meiner Ankunft zu Hause meinem Mann davon erzählen.

Mein Mann wollte aber seine Ruhe haben und davon nichts hören. Er hätte auf seiner Arbeitsstätte genug Probleme, sagte er mir. So ging es mir immer. Mein Mann war nie bereit, mit mir die Sorge um die Kinder zu teilen.

Nicht lange hiernach kam meine Mutter in ein Krankenhaus. Sie hatte ein Geschwür und mußte operiert werden. Sie sah schlecht aus und ich machte mir Sorgen um sie.

Die Operation verlief gut, und nachdem sie sich erholt hatte, sollte sie nach Hause entlassen werden. Der Arzt sagte uns, daß man nicht wüßte, wie lange sie noch leben würde, weil man nicht sagen konnte, ob die Leber schon befallen sei.

Einer meiner Brüder wollte sie mit zu sich nach Hause nehmen. Aber meine Mutter wollte dies nicht.

So kam sie wieder in ihr Haus zurück und ich versorgte sie. Morgens holte ich sie und abends brachte ich sie ins Bett. Wie ich es ja auch schon gemacht hatte, als sie sich den Arm gebrochen hatte.

Sie erholte sich langsam und konnte sich nach einer längeren Zeit wieder selbst behelfen.

* * *

Am 1. Dezember 1979 zogen wir in unser neues Haus ein.

Es wurde alles mit den Möbeln eingerichtet, die wir auch schon in der alten Wohnung gehabt hatten. Gardinen waren auch schon vor den Fenstern. Obwohl noch sehr viel fehlte, gefiel mir unser Haus sehr gut.

Bekannte, die jetzt zu Besuch kamen, gaben die unterschiedlichsten Kommentare ab. Eine meinte, daß alles Neue hübsch aussähe und eine andere fragte, wie wir dies bloß alles bezahlen wollten.

Ich fand es ganz nett, daß sie sich unseren Kopf zerbrach und lächelte sie deshalb beruhigend an. Freunde, die ich bis dahin zu haben glaubte, kamen nur einmal. Sie gingen kommentarlos von Raum zu Raum und saßen anschließend sehr schweigsam bei Kaffee und Kuchen im Wohnzimmer, bis sie gingen.

Diese sogenannten Freunde hatten mich schon sehr im Stich gelassen, als ich krank wurde, jetzt aber kamen sie gar nicht mehr.

Der Bürgermeister des Dorfes hatte es sich angewöhnt, jeden, der neu gebaut hatte, zu besuchen, um seine Gratulation zu dem neuen Haus auszusprechen. Eine Bekannte von mir empfahl mir, mich dafür zu entschuldigen, daß unser Haus so schön ausgestattet war. Ich sollte darauf hinweisen, daß es bei meiner Erkrankung aus verschiedenen Gründen so sein müßte.

Der Bürgermeister bemängelte, daß wir eine befahrbare Dusche hatten, die nicht einmal er hätte, und so entschuldigte ich mich, indem ich sagte, daß wir dies vorbeugend getan hätten, für den Fall, daß ich auf Dauer im Rollstuhl sitzen müßte. Ansonsten war er ganz zufrieden mit unserem Haus.

Inzwischen hatte meine Tochter den Schulabschluß gemacht und war in der Ausbildung, worüber ich sehr froh war, denn es war schwer, eine Lehrstelle zu bekommen.

Meine Beschwerden vermehrten sich jetzt. Haut- und Atmungsprobleme stellten sich ein.

Es mußten Dinge im neuen Haus sein, die ich nicht vertragen konnte. Am schlimmsten war es im Wohnzimmer. Wenn ich mich auf die Couch gelegt hatte, um mich auszuruhen, und manchmal auch eingeschlafen war, konnte ich nach dem Erwachen kaum atmen.

Ich war ganz benommen und meine brennenden Schmerzen im Kopf und im Rücken hatten zugenommen.

In dieser Zeit fing es auch mit meinem ständigen Speichelfluß an. Er lief mir unkontrolliert aus dem Mund.

Oft konnte ich gar nicht so schnell schlucken, wie mein Speichel sich wieder im Mund ansammelte.

Auch das Asthma meiner Tochter verstärkte sich im Wohnzimmer, und wenn die Sonne hereinschien, war es besonders schlimm.

Nachdem meine Tochter ihre Ausbildung beendet hatte, zog sie aus. Ich renovierte gerade eine alte Kommode, die abgeschliffen werden mußte. Anschließend strich ich sie mit Holzlasur ein.

Danach bekam ich so starke Sehstörungen, daß ich meinen Arzt, als er zu mir kam, gar nicht erkennen konnte. Alles um mich herum lag hinter einem dichten grauen Schleier. Ich hatte starke Darm- und Kopfschmerzen. Sowie ich den Kopf anhob, mußte ich mich übergeben. An Laufen war gar nicht zu denken, denn meine Beine gehorchten mir nicht.

Mein Hausarzt sagte mir, es wäre ein neuer MS-Schub. Er war wirklich sehr bemüht um mich, und ich mochte ihn sehr gern, denn er war in all den Jahren meiner Ehe immer für mich und vor allem für meine Tochter da gewesen. In diesem Fall aber verließ er sich ganz auf die Diagnose der Fachärzte.

Es dauerte einige Monate, bis meine Symptome wieder zurück gingen. Wenn ich mich während dieser Zeit allein vorwärts bewegen wollte, war es nur im Rollstuhl möglich.

Mir fiel in all den Jahren immer wieder auf, daß es mir in den Sommermonaten, wenn ich oft draußen saß, besser ging.

Zwei Jahre später machte mein Sohn sein Abitur und leistete danach seinen Wehrdienst ab. Wenn er an den Wochenenden zu Hause war, hatte er immer Probleme mit seiner Nase.

Es war so, als ob er, sobald er zu Hause war, Schnupfen bekam. Auch seine Bronchien machten ihm dann Probleme.

Wir hatten die ganze Wohnung mit Wollteppichen ausgelegt, weil sie leicht sauber zu halten waren.

Meine Tochter heiratete bald darauf, und als ihr erstes Kind geboren war, zog sie mit ihrer Familie in die obere Wohnung unseres Hauses. Mir gefiel es gut, denn ich war durch meine Erkrankung an das Haus gefesselt und dadurch oft alleine.

Um in all den Jahren die Zeit sinnvoll zu verbringen, machte ich die unterschiedlichsten Handarbeiten. Über jedes fertig gestellte Stück freute ich mich, denn es gab mir das Gefühl, daß ich noch etwas leisten konnte.

Nach dem Einzug meiner Tochter und ihrer Familie wurde es abwechslungsreicher, und das machte mich glücklich.

Urlaub haben wir nie gemacht, denn in den Augen meines Mannes war Urlaub etwas für Menschen, die zu Hause zu faul waren, etwas zu kochen. Wir hätten auch nirgends Essen gehen können, denn es gab keine Mahlzeit, an der er nichts auszusetzen hatte.

Mein Mann hat zwar immer gearbeitet, aber das war nicht alles für mich. Ich sehnte mich nach vielen anderen Dingen.

Einer meiner Brüder nahm sich zu dieser Zeit, für mich völlig überraschend, das Leben. Ich litt schrecklich darunter. Darüber Reden konnte ich aber mit keinem, denn so wie ich davon anfing, wurde mir gesagt, daß er es ja selber so haben wollte. Trauern durfte ich auch nicht, denn wenn ich traurig war, sagte mein Mann zu mir, ich solle nicht so herum hängen, sondern lieber etwas tun, damit ich auf andere Gedanken komme.

Ich kann es bis heute nicht verstehen, wie sich Menschen über so ein schreckliches Geschehen eiskalt hinwegsetzen können.

Meine Beschwerden verschlimmerten sich ständig. Im Wohnzimmer saß ich nur noch mit einer Wärmflasche im Rücken, weil ich die brennenden Schmerzen kaum noch ertragen konnte.

Außerdem bekam ich jetzt Schweißausbrüche und Panikattacken sowie starke Schlafstörungen.

Mit der Nahrungsaufnahme wurde es auch schwieriger, denn ich hatte ständig Magen- und Darmprobleme. Die Magen-Darm-Krämpfe wurden im Wechsel von Schweißausbrüchen und Schüttelfrost begleitet. Durchfälle und blutiger, schleimiger Stuhl sowie ein aufgeblähter Bauch folgten.

Ich ging zu einem Internisten, dem ich meine Probleme schilderte. Er machte Blutuntersuchungen, konnte aber nichts feststellen. Auch eine Stuhlprobe, in der ich mit bloßem Auge Blut gesehen hatte, brachte ich meinem Internisten, aber auch diese Untersuchung war angeblich ohne Befund.

Ein Beruhigungsmittel für den Magen-Darmtrakt sollte die Probleme lösen.

Mir ging es aber weiterhin schlecht. Oft zitterte jetzt mein Kopf hin und her, so daß ich ihn kaum halten konnte. Gleichzeitig spürte ich ein Steifwerden meines Körpers, besonders schlimm im Nacken und in den Beinen.

Ich konnte kaum noch schlafen, und die Haut an meinen Beinen und am Hals war kaputt und juckte schrecklich. Zeitweise blutete meine Haut.

Außerdem hatte ich jetzt oft starke Krämpfe in den Waden. Besonders schlimm waren diese Beschwerden, wenn ich im Wohnzimmer war.

In meiner Not rief ich eines Abends meinen Internisten an. Der wurde sehr unhöflich und sagte, ich sollte im Garten spazieren gehen oder Zuckerwasser trinken. Am nächsten Tag hatte ich einen Termin bei ihm. Er begann damit, Röntgenuntersuchungen zu machen.

Meine Tochter, die sah, wie schlecht es mir ging, rief einmal bei ihm an, um zu erfahren, was ich hatte. Er sagte zu ihr, ich hätte gar nichts, ich wolle nur im Mittelpunkt stehen, und die Untersuchungen, die er bei mir machte, mache er nur mir zum Gefallen, damit ich das Gefühl habe, daß etwas getan wird. Obwohl ich schon lange geglaubt hatte, daß eine Verschlimmerung meines Zustandes nicht mehr zu ertragen wäre, ging es mir zunehmend schlechter, aber mein Internist stellte nichts fest.

Er schickte mich weiter zu einem Psychiater. Bei diesem bekam ich in einer Art Abstellkammer zwei Spritzen, danach konnte ich gehen. Zu einem Gespräch, sagte er, hätte er im Moment keine Zeit, das sollte zu einem späteren Zeitpunkt nachgeholt werden.

Ich hatte keine Ahnung, wofür die Spritzen gut sein sollten, und das Gespräch sollte laut Termin vier Wochen später stattfinden.

Mit der Nahrungsaufnahme wurde es jetzt so schlecht, daß ich kaum noch etwas essen konnte. Mein Körpergewicht verringerte sich so stark, daß mir kein Kleidungsstück mehr paßte. Sogar die Schuhe waren mir zu groß.

Wenn ich jetzt in den Ort kam, wo viele Autos fuhren, mußte ich ständig würgen. Genauso ging es mir, wenn mein Mann die Zeitung am Frühstückstisch las.

Oft mußte ich mich dann übergeben. Meine Sehstörungen nahmen auch stark zu, und ich hatte ständig ein Rauschen in den Ohren.

Der Ohrenarzt, den ich einige Male aufsuchte, konnte nichts feststellen. Er spülte mir die Ohren jedesmal durch, aber das Rauschen blieb trotzdem.

Immer wieder ging ich zu meinem Internisten und erzählte ihm von meinen Problemen. Aber er glaubte mir nicht und schob das alles auf die Psyche. Er sagte zu mir, daß das, was ich ihm erzählte, allmählich langweilig wird, ich solle einmal eine andere Platte auflegen.

Er führte mit mir Gespräche, die absolut nichts brachten, denn meine Nahrung, die ich zu mir nahm, konnte ich auch nach den Gesprächen nicht vertragen. Inzwischen war es so schlimm, daß ich beim Kochen die ersten Symptome bekam.

Ich konnte meine Hausarbeit kaum noch verrichten und war sehr niedergeschlagen.

Mein Internist behauptete immer noch, daß ich nichts hätte, und so landete ich kurze Zeit später in der geschlossenen Abteilung einer Psychiatrie.

* * *

Ich war so fertig, daß ich kaum noch wußte, was ich machen sollte. Eines wußte ich aber genau, daß ich dort nicht hingehörte und daß das, was ich dort erlebte, bestimmt nicht von Vorteil für mich war.

Einige Frauen weinten und schrien. Sie wurden dann von mehreren Schwestern und Pflegern festgehalten, und der Arzt spritzte etwas, bis sie ruhig waren.

Es waren auch einige dabei, die bei Wutausbrüchen alles, was sie erreichen konnten, zerschlugen. Auch ihre Mitpatienten beschimpften sie dann aufs heftigste.

Ich hatte panische Angst und verhielt mich ruhig. Mir gab man unterschiedliche Tabletten, die meine Beschwerden aber eher verschlimmerten.

Es war für mich grauenhaft, Tag und Nacht unter diesen Umständen leben zu müssen. In dem Raum, in dem ich schlief, standen sechs Betten. Durch eine Glasscheibe wurden wir bewacht und die Fenster waren vergittert.

Meine Beschwerden ließen mich nicht zur Ruhe kommen. Aber auch ohne diese Beschwerden wäre an schlafen dort nicht zu denken gewesen. Dafür war es dort viel zu unruhig.

Einige waren so betäubt, daß sie sich wie Roboter bewegten. Andere redeten wirres Zeug, und eine aß alles an Schmuck auf, was sie finden konnte.

In den Wasch- und Duschräumen war es unaufgeräumt und schmutzig. Dort ging es mir besonders schlecht. Meine Schmerzen nahmen dort stark zu.

In fast allen Räumen wurde geraucht, was mir große Probleme bereitete. An den Tagen versuche ich mich abzulenken, was in den Nächten nicht möglich war.

In einer kleinen Küche, die auch den Patienten zur Verfügung stand, backte ich manchmal Kuchen. Jedesmal, wenn ich das Handrührgerät einschaltete, nahmen meine Schmerzen zu, und der Geruch des Mehles reizte meine Augen und meine Nase. Es waren immer wieder brennende Schmerzen, die jetzt auch schon meine Bronchien befielen, so daß ich schlecht atmen konnte.

Wenn ich Besuch bekam, durfte ich mit nach draußen gehen. Als meine Tochter mich einmal besuchte, gingen wir einkaufen. Wir wollten etwas in einem großen Geschäft besorgen.

Nach kurzer Zeit mußte ich das Geschäft verlassen, denn ich bekam dort starke Schmerzen und Atemprobleme. Ich war froh, als ich an der frischen Luft war, dort gingen meine Beschwerden wieder zurück.

Meine Symptome machten mir Angst, denn keiner erkannte den Grund hierfür.

Da meine Tochter ihr Auto in einem Parkhaus abgestellt hatte, gingen wir dort hin. Denn meine Tochter wollte die Dinge, die sie eingekauft hatte, ins Auto legen.

Es stellten sich die gleichen Symptome wie in dem Geschäft ein. Zusätzlich zitterte ich stark, und meine Stimmung veränderte sich. Ich wurde aggressiv, was ich von mir gar nicht kannte.

Nachdem ich eine Zeitlang in der frischen Luft gewesen war und mich erholt hatte, gingen diese Symptome wieder zurück.

Ich hatte Angst und sagte nichts mehr von ihnen, denn ich hatte ja gesehen, was mit den anderen Patienten gemacht wurde.

Mein Mann besuchte mich sonntags. Aufmunternd war dies aber nicht für mich, denn er sagte jedesmal zu mir: So wie du zitterst, kommst du hier nie wieder heraus. Das war 1987.

Heute weiß ich, daß ich in seiner Nähe immer zitterte, weil er in seinem Beruf ständig mit vielen Giftstoffen zu tun hatte. Er dünstete diese Gerüche, die mir Probleme machten, über seinen Körper aus. Genau wie ein Mensch, der Knoblauch ißt, der dann aus jeder Pore seines Körpers den Knoblauchgeruch ausdünstet. Außerdem benutzte er unterschiedliche Duftstoffe.

Ich versuchte, so gut es ging, etwas zu essen, denn ich wollte so schnell wie möglich diesen schrecklichen Aufenthaltsort verlassen. Nach neun Wochen wurde ich, auf meinen Wunsch hin, entlassen.

Ich nahm jetzt regelmäßig die Tabletten, die man mir in der Psychiatrie verordnet hatte. Mir ging es trotzdem weiterhin schlecht, und ich nahm durch die Tabletten entsetzlich zu. Richtig aufgedunsen sah ich nach kurzer Zeit aus.

Mein Gangbild veränderte sich jetzt. Ich behielt weiterhin eine große Unsicherheit beim Gehen, konnte mich aber ohne Krücken fortbewegen. Da ich inzwischen zwölf Jahre an Rollstuhl und Krükken gebunden war, machte mich die Veränderung glücklich.

Dafür nahmen aber andere Beschwerden zu. Ich war ständig so erschöpft, daß mir jeder Handgriff schwer fiel.

Ständige Schweißausbrüche und Herzrasen befielen mich jetzt.

Ich ging zu einer Frauenärztin, die mir Hormontabletten verordnete. Aber auch diese Tabletten änderten nichts an den Beschwerden, die ich hatte.

Meine Schilddrüse machte mir dann 1991 auch noch Sorgen. Sie vergrößerte sich, und es bildete sich ein Knoten in ihr.

Regelmäßig mußte ich zu einem Facharzt, um eine Ultraschalluntersuchung machen zu lassen. Dieser Arzt verordnete mir ein Medikament für die Schilddrüse und gleichzeitig gab er mir ein Creme, für die inzwischen stärker gewordenen Hautprobleme an meinem Hals, denn dort befanden sich damals schon große offene Stellen.

Immer, wenn wir jetzt mit unserem Auto fortfuhren, wurde mir übel, so daß ich ständig würgen mußte. Auch meine Schmerzen verstärkten sich.

Heute weiß ich, daß die Klebereimer und andere Gegenstände, die mein Mann aus Berufsgründen immer im Auto hatte, Schuld daran waren. Diese Gerüche waren pures Gift für mich.

Ich war todunglücklich, weil keiner die Ursache meiner Probleme erkannte, und mir nichts von dem, was ich unternahm, half.

Wenn ich unsere Wäsche bügelte, bekam ich starke Kopfschmerzen, zitterte und war ganz benommen.

Große Probleme machte mir inzwischen das Kochen. Mein Körper zog sich, wenn ich vor dem Herd stand, förmlich zusammen, und genau wie beim Bügeln bekam ich starke Schmerzen und zitterte.

Mit der Microwelle hatte ich noch mehr Probleme. Wenn ich die benutzt hatte, dauerte es mehrere Tage, bevor die Beschwerden wieder zurückgingen.

Ich erzählte es einem Arzt, den ich aufsuchte. Der aber sagte, es würde daran liegen, daß ich dann wütend auf meinen Mann wäre und wenn ich dann auch noch für ihn Kochen müßte, würde eben so etwas passieren.

Tatsache aber war, daß es immer passierte, ob ich wütend war oder nicht.

Abends nahm ich gerne ein heißes Bad und benutzte Badezusätze, stellte plötzlich aber fest, daß ich schreckliche Schmerzen und Atemnot in der Badewanne bekam. Außerdem juckte meine Haut nach jedem Bad so stark, daß ich dadurch nicht zur Ruhe kam.

Meinem Mann konnte ich von all diesen Dingen nichts erzählen, denn so wie er meine Tochter immer beschimpft hatte, wenn sie Asthma hatte, beschimpfte er mich jetzt auch, wenn ich ihm von meinen Problemen erzählte, und so sagte ich ihm lieber nichts.

* * *

Verwandte von uns wollten zu dieser Zeit ein Fest feiern, das in einer Garage stattfinden sollte, und sie luden uns dazu ein.

Es gab etwas zu essen, zu trinken und die Musik spielte auch, denn es sollte getanzt werden. Mir ging es dort nicht gut. Ich konnte es aber nicht sagen, weil mein Mann dann wieder schlechte Laune gehabt hätte.

Nachdem wir gegessen hatten und mein Mann einiges getrunken hatte, stand er auf und machte die Musik aus. Laut verkündete er dann, man könne ruhig einmal mit mir tanzen, denn ich wäre jetzt kein Krüppel mehr.

Ich hatte schon während der Zeit, in der ich an Krücken ging, bemerkt, daß es ihm nicht gefiel. Denn jedesmal, wenn ich sie benutzen wollte, sagte er zu mir: Muß das sein, daß du die mitnimmst. Aber das er mich als Krüppel gesehen hatte, darauf war ich nicht gekommen.

Alle waren schockiert und der Abend war gelaufen.

Am nächsten Tag lag mein Mann, wie immer nach einem Trinkgelage, stöhnend und erbrechend im Bett, und ich durfte, wie üblich, die Schüssel sauber machen, weil er sich davor ekelte. Ob es mir auch so ging, interessierte ihn nicht.

Als er dann aufstand, meinte er, das Fest wäre nicht gut gelaufen. Er hatte wieder einmal nicht bemerkt, daß er zu dem Verlauf beigetragen hatte.

So oft trank mein Mann jetzt allerdings nicht mehr, denn nachdem eine Bekannte mitbekommen hatte, daß mein Mann mich schlug, und sie dies in unserem Dorf erzählt hatte, nahm er sich etwas zusammen. Dafür nahm er jetzt aber Unmengen an Tabletten.

Er behauptete zwar immer, daß diese Bekannte gelogen hätte,

aber es war ihm allem Anschein nach doch recht peinlich, als ihm jemand bei einer Versammlung Vorhaltungen über sein Tun machte.

Meine Verwandte meinte wohl, daß sie mich trösten müßte, denn sie rief mich am nächsten Morgen an, um mir zu sagen, wie unmöglich alle das Benehmen meines Mannes gefunden hatten. Ein Trost war es aber nicht für mich, denn ich schämte mich trotzdem für ihn.

Jetzt sollte unsere Wohnung renoviert werden. Ein Raum nach dem anderen wurde neu tapeziert, und die Fenster wurden auch gestrichen. All diese Gerüche machten mich fertig, aber mein Mann sagte, das wäre von mir alles nur Anstellerei.

Als das Wohnzimmer an der Reihe war, verbrachten wir die Abende im Zimmer meines Sohnes, denn der studierte inzwischen und war ausgezogen.

Im Wohnzimmer sollte es besonders schön gemacht werden. Neue Tapeten, ein neuer Teppich und neue Möbel waren geplant. So wurde es dann auch gemacht. Es wurden schöne dicke Vinyltapeten an die Wand geklebt, und der Fußboden wurde mit einem dicken Teppich aus reiner Schurwolle belegt. Eine neue Polstergarnitur mit passendem Tisch und neuer Stehlampe wurde auch noch gekauft. All diese Dinge hatte ich mit viel Mühe in unterschiedlichen Geschäften ausgesucht und zusammengestellt. Bei jedem Einkauf stellten sich die mir bekannten Beschwerden wieder ein.

Die Wohnung war jetzt in Ordnung, nur mir ging es jetzt noch schlechter.

Ich war so kraftlos, daß mir jede noch so kleine Arbeit zuviel wurde. Konzentrieren konnte ich mich jetzt überhaupt nicht mehr und meine Gedanken liefen alle durcheinander, dadurch konnte ich mir auch nichts mehr merken. Alles, was besorgt werden mußte, wurde von mir notiert.

Wenn ich den Geschirrspüler nach dem Abspülen öffnete, bekam ich sofort starke Kopfschmerzen und meine Nase lief, als wenn ich einen starken Schnupfen hätte.

Oft hatte ich einen Zustand, als wenn ich gerade aus einer Narkose erwacht wäre, alles war dann ganz weit von mir entfernt.

Immer wieder versuchte ich, die Zeitung zu lesen, aber ich bekam sofort starke Sehstörungen, Kopfschmerzen und mir wurde übel.

Ich ging einige Male mit meinen Sehstörungen zum Augenarzt, denn auch meine Brille, die ich inzwischen trug, änderte nichts an meinen Augenproblemen.

Der Augenarzt konnte aber nicht feststellen, was meine Probleme erklärt hätte.

Alle Putzmittel, die ich in den Bädern benutzte, lösten auch schwere Symptome bei mir aus.

Wenn ich mit Parfum in Berührung kam, raste mein Herz, ich bekam Schweißausbrüche und zitterte stark. Nachdem ich beim Friseur gewesen war, hatte ich tagelang starke Kopfschmerzen, und nach einer Dauerwelle mußte ich meine Haare sofort gründlich waschen, denn der Geruch war für mich nicht zu ertragen.

Für mich wurde alles immer schlimmer, denn zu allen meinen Problemen kam noch die Belastung, daß mein Mann von all dem nichts merken durfte, weil er mich dann ständig beschimpfte.

Mein Sohn hatte inzwischen sein Diplom gemacht. Er hatte es mit der Note »Sehr gut« erreicht und ich freute mich sehr darüber.

Als mein Mann nach Hause kam, erzählte ich es ihm. Er mußte aber auch den Erfolg meines Sohnes niedermachen, wie er alles niedermachte, indem er sagte, daß solche Typen wie er immer auf die Füße fallen würden. Diese Reaktion verschlug mir die Sprache.

Ähnlich hatte er sich auch schon verhalten, als meine Tochter die Abschlußprüfung ihrer Berufsausbildung bestand.

Nach einer gewissen Zeit verschlimmerte sich mein Zustand so, daß ich nicht mehr in der Lage war, die Kaffeetasse, ohne daß meine Hand zitterte, an den Mund zu führen.

Mein Mann pöbelte mich dann an. Manchmal sagte er dann zu mir, so eine Tatterliese wie mich könnte er nicht gebrauchen. Er würde sich etwas anderes suchen.

Dadurch graute es mir schon ab Mittag vor dem Augenblick, wenn mein Mann nach Hause kam.

Ganz besonders schlimm waren die Wochenenden für mich, denn ich hatte kaum noch so viel Kraft, um die Mahlzeiten pünktlich auf den Tisch zu bringen. Aber vor den Mahlzeiten graute es mir am meisten, denn ich zitterte jetzt immer beim Essen. Ich legte die Ellenbogen jetzt immer ganz fest auf den Tisch, damit mir das Besteck nicht immer aus den Händen fiel, denn das starke Zittern begann schon im Nacken und ging dann durch den ganzen Körper.

Die Schluckbeschwerden, die mich schon seit vielen Jahren quälten, verschlimmerten sich so sehr, daß ich beim Essen oft Angst hatte zu ersticken.

Obwohl ich alles sehr gut kaute, saß mir das Essen oft so fest im Hals, daß ich es nicht herunterbringen konnte. Ich konnte einfach nicht schlucken.

Zu der Zeit war ich furchtbar schreckhaft. Schon das kleinste Geräusch ließ mich zusammenzucken und mein Herz rasen.

Ausruhen konnte ich mich auch nicht, denn wenn ich mich hingesetzt hatte, fragte mein Mann mich, warum ich so herumhänge und ob ich denn nichts zutun hätte.

Mir ging es, auch wenn ich schon lange glaubte, es nicht mehr ertragen zu können, immer schlechter. Mein Bauch blähte sich auf und rumorte, daß ich kaum atmen konnte, und mein Durchfall war inzwischen zu einem Dauerzustand geworden.

Einige Male fiel ich jetzt nach dem Essen in Ohnmacht.

Wieder ging ich zu meinem Arzt, der aber nichts feststellen konnte. Ich fing dann an, Lebensmittel, von denen ich mit Sicherheit wußte, daß sie mir nicht bekamen, weg zu lassen, z.B. von denen ich sofort nach dem Essen Durchfall bekam.

Zu meinem Internisten ging ich nicht mehr, weil das ganze nichts brachte. Im Gegenteil, denn in seiner Praxis ging es mir immer schlecht.

Da ich ständig fror und ich immer kalte Füße hatte, machte ich mir eine Wärmflasche und legte sie in mein Bett. Aber auch das mußte ich heimlich machen, denn wenn mein Mann das sah, beschimpfte er mich, weil nur Verrückte sich im Sommer eine Wärmflasche ins Bett legen.

Inzwischen hatte der Sohn meines Hausarztes die Praxis seines Vaters übernommen. Dieser schickte mich jetzt zu einem Neurologen und einem Psychiater.

Dieser untersuchte mich und stellte mir ein Rezept für Beruhigungs- und Schlaftabletten aus. Seiner Meinung nach, mußte ich die Tablettensorte nur einmal wechseln, dann würden sie mir schon helfen. Er rechnete aus, wie lange ich damit auskommen würde und gab mir gleich einen neuen Termin für den Zeitpunkt, wenn die Packung leer wäre.

So ging ich jetzt alle zwei Wochen zu diesem Psychiater. Jedesmal wollte er dann wissen, was denn in den letzten zwei Wochen passiert wäre.

Ich antwortete immer das gleiche. Ich sagte, daß es mir schlecht ginge und daß ich dadurch noch mehr Probleme mit meinem Mann hätte. Mein Wunsch wäre es, sagte ich ihm dann, daß alles einmal mit meinem Mann zu besprechen. Das aber könnte ich alleine nicht, denn es war mir nicht möglich, mit meinem Mann zu reden.

Der Psychiater antwortete mir darauf, man müsse nicht mit seinem Mann reden können, sondern man müsse mit ihm leben können. Er riet mir, die Tabletten weiterhin zu nehmen, dann würde es schon gehen. So nahm ich wieder mein Rezept und ging nach Hause.

Einmal rief ich bei ihm an, weil es mir schon morgens, nachdem ich die erste Tablette genommen hatte, schlechter ging.

Da sagte er zu mir, dann würde die Menge, die ich nahm, nicht ausreichen. Ich sollte noch eine dazu nehmen. Ein anderes Mal erzählte ich ihm, daß mich die Schlaftabletten, von denen er behauptete, daß sie ganz schwach waren, so betäubten, daß ich meinen Körper morgens gar nicht spürte. Dies tat er mit einem Lächeln ab.

Inzwischen ging ich immer wieder zu meinem Hausarzt. Einmal ging ich hin, weil ich Probleme mit den Bronchien hatte. Mein Arzt verordnete mir Hustentropfen. Nachdem ich die genommen hatte, schwollen meine Schleimhäute in der Nase und in den Bronchien so an, daß ich glaubte ersticken zu müssen.

Ich habe die ganze Nacht vor dem Waschbecken gesessen, in das ich heißes Wasser laufen ließ. Durch den Dampf wurden meine Schleimhäute feucht, und dadurch konnte ich etwas besser atmen. Als ich meinem Arzt davon erzählte, sagte er, das könnte nicht von den Tropfen kommen, das hätte er noch nie gehört. Ich sollte die Tropfen weiter nehmen, was ich aber nicht tat.

Ganz glücklich war ich jetzt immer, wenn meine Tochter mit ihren Kindern mit uns die Mahlzeiten einnahmen. Denn dann ließ mein Mann mich in Ruhe. Ich hatte inzwischen drei Enkelkinder, die mir sehr viel bedeuteten.

Leider haben auch meine Enkelkinder Allergien. Bei allen dreien äußert sich dies unterschiedlich.

Als mein Sohn in diesem Jahr Geburtstag hatte, lud er uns ein. Er wollte die Geburtstagsfeier dazu nutzen, um uns mit seiner Arbeit vertraut zu machen, denn er hatte gleich eine Anstellung bekommen. Gleichzeitig sollten wir die Eltern seiner zukünftigen Frau kennenlernen.

Mein Mann lehnte es aber ab, dort hinzufahren. Er wollte an diesem Wochenende lieber zu einem Volksfest, das in unserer Nähe stattfinden sollte.

So fuhr ich mit meinem ältesten Enkelkind, denn alleine traute ich mich wegen meiner vielen Beschwerden nicht mit dem Zug zu meinem Sohn.

Als ich wiederkam, war mein Mann zu Tode beleidigt und sprach wochenlang nicht mit mir.

Ich konnte meinen Zustand kaum noch ertragen und wußte oft nicht, wie ich den Tag und dann wieder die Nacht herum bekommen sollte. Wenn ich beim Essen zitterte, sagte mein Mann jetzt immer zu mir, ich wäre genauso verrückt wie mein Bruder und würde auch in der Irrenanstalt landen und genauso enden wir er.

Mein Bruder, der sich das Leben genommen hatte, war psychisch krank gewesen. Immer wieder sagte er das zu mir, und mir graute schon davor, mit ihm zusammen am Tisch zu sitzen.

Sonntagnachmittag fuhren wir manchmal spazieren oder besuchten Verwandte. Es wurde überall geraucht und Alkohol getrunken. Ich bekam von den Gerüchen starke Schmerzen und zitterte.

Es kostete mich viel Kraft, meine Beschwerden zu unterdrücken, denn es sollte keiner etwas davon merken, und vor allen Dingen sollte keiner wissen, daß mein Mann mich für verrückt hielt, denn diese Bemerkung mußte er ja immer anbringen.

Einige Male fuhr er aber auch mit mir in die Stadt, wo ich in der Psychiatrie gewesen war, obwohl es ziemlich weit von uns entfernt war. Er fuhr dann langsam an diesem Gebäude vorbei. Danach fuhr er dann wieder mit mir nach Hause.

Meine Schmerzen nahmen weiterhin zu. Ganz stark wurden sie jetzt im Kopf, im Kiefergelenk, und von da aus zog es an beiden Seiten entlang bis in die Kinnspitze. Ich hatte das Gefühl, als wenn mir ein Messer durch den Kopf und den Kiefer gezogen wurde.

Mein Hausarzt gab mir Spritzen in den Hinterkopf, weil er meinte, daß es eine Nervenentzündung war. Er wiederholte dies über einige Wochen, aber es half nichts. Da entschloß ich mich, zu meinem Zahnarzt zu gehen, denn die Schmerzen wurden unerträglich.

Der Zahnarzt machte eine Röntgenaufnahme von meinem Kiefer, konnte aber nichts Akutes feststellen. Er machte mir dann eine Bißschiene, die ich tragen sollte, um mein Kiefergelenk zu entlasten. Davon wurde es aber noch schlimmer.

Inzwischen hatte ich aber schon gehört, daß Amalgam solche Probleme machen könnte. Da ich sehr viel davon im Mund hatte, sprach ich mit meinem Zahnarzt darüber.

Er sagte, daß es umstritten wäre, aber sein könnte. Nachdem ich mich ausführlich über alles mit meinem Zahnarzt unterhalten hatte, entschloß ich mich, mein Gebiß sanieren zu lassen.

Er empfahl mir, Zähne, die zu große Amalgamfüllungen hatten, ziehen zu lassen. Andere sollten mit einem Metall überkront werden, in dem keine für mich schädlichen Metallanteile waren.

Aus diesem Grund mußte ich einen großen Teil selber bezahlen, weil die Krankenkasse die Kosten dieser Metalle nicht übernahm. Prothese und Brücken sollten die Zahnlücken ersetzen.

Der Zahnarzt machte sich an die Arbeit. Die Zähne mit den großen Amalgamfüllungen wurden durchtrennt und in einzelnen Stükken herausgezogen. Mein Mund war jedesmal voller Amalgamstükke, die ich zum Teil ausspuckte, aber zum Teil auch mit dem Speichel herunter schluckte.

Mir ging es nach jeder Behandlung schlecht. Ich hatte Schüttelfrost, zitterte stark und mir war übel.

Diese Arbeit war aber schnell getan, denn mein Zahnarzt zog mir gleich einige Zähne auf einmal.

Abdrücke waren schon gemacht worden, und als mein Zahnarzt

mir die Schneidezähne gezogen hatte, setzte er mir die Prothese und die Brücken gleich ein.

Ich war froh, daß es geschafft war und glaubte, daß ich jetzt frei von belastenden Zahnmaterialien wäre. Mein Zahnarzt schlug mir noch vor, eine Entgiftung vornehmen zu lassen. Er wollte aber erst selber mit meinem Internisten sprechen.

Entgegen meiner Hoffnung ging es mir immer schlechter.

Im Wohnzimmer konnte ich kaum noch sitzen. Mein ganzer Körper zog sich schmerzend zusammen und ich war dort immer ganz benommen. Es war, als wenn jeder Muskel kürzer und steif wurde, so daß ich das Gefühl hatte, immer kleiner zu werden. Besonders schlimm war es im Rücken. Ich konnte mich dann vor brennenden Schmerzen nicht mehr aufrecht halten.

Einige Male ging ich von dort ins Badezimmer, weil ich hoffte, daß ich mich mit kaltem Wasser erfrischen konnte. Dort brach ich dann vor Schmerzen ohnmächtig zusammen.

Mit der Nahrungsaufnahme wurde es auch noch schlechter.

Ich ging wieder zu meinem Hausarzt, der aber meine Symptome nicht diagnostizieren konnte. Denn mit einem Bauch, der sich nach jeder Mahlzeit dick aufblähte und weh tat, konnte er nichts anfangen. Ich hatte das Gefühl, daß er meine Beschwerden nicht ernst nahm, denn er saß immer nur lächelnd hinter seinem Schreibtisch und unternahm nichts.

Von dem Psychiater, zu dem ich schon vor Jahren geschickt worden war, konnte ich keine Hilfe mehr erwarten. Dort bekam ich immer nur mein Rezept für die Tabletten, die ich nehmen sollte. Was ich auch immer nach Anordnung tat, wonach es mir dann noch schlechter ging. Weiter passierte dort nichts. Also suchte ich mir einen neuen Arzt.

Diesmal war es eine Ärztin, die aber auch Psychotherapeutin war. Nachdem ich ihr meine Probleme geschildert hatte, meinte sie, ich wäre ziemlich fertig und müßte einmal zur Kur. Da meine letzte Kur schon vierzehn Jahre zurück lag, stimmte ich zu. Gleichzeitig sagte meine neue Ärztin mir auch, daß sie es nicht verstehen könnte, daß mir mein Psychiater schon seit so vielen Jahren diese Tabletten verordnet hatte. Trotzdem bekam ich auch von ihr ein weiteres Rezept, sollte aber nach der Kur versuchen, die Tabletten abzusetzen. Die Kur wurde beantragt und auch bewilligt. Es sollte gleich im neuen Jahr losgehen.

Ich schleppte mich von einem Tag zum anderen. Wenn ich abends ins Bett ging, was immer ziemlich früh war, weil ich es im Wohnzimmer nicht aushalten konnte, hoffte ich, daß es am nächsten Tag etwas besser sein würde.

Nach dem Aufstehen am nächsten Morgen sagte ich mir immer wieder, irgendwie bekommst du auch diesen Tag wieder herum.

Ich hatte zu dieser Zeit schon immer einen so merkwürdigen Geschmack im Mund. Mir war ständig übel und ich hatte starken Schnupfen, der sich später zu einer Stirnhöhlenvereiterung entwikkelte.

So wurde es Weihnachten. Es war ein schreckliches Weihnachtsfest. Zum erstenmal war ich am Heiligen Abend mit meinem Mann alleine, denn meine Tochter wollte in diesem Jahr nicht mit ihrer Familie bei uns essen, was sie bis dahin immer getan hatte. Sie ärgerte sich über das Verhalten meines Mannes und wollte aus diesem Grund nicht mit ihm zusammen sein.

So kochte ich für meinen Mann und mich das Essen, was wir dann schweigend zu uns nahmen. Denn mein Mann sprach seit der Geburtstagsfeier meines Sohnes immer noch nicht viel mit mir.

Eine Kritik über das Essen konnte er sich jedoch nicht verkneifen. Nachdem ich die Küche aufgeräumt hatte, ging ich noch einmal ins Wohnzimmer. Da mein Mann aber fernsah und mich gar nicht beachtete, ging ich ins Bett. Ich war froh, als ich lag, denn die Zeit, die ich während des Essens im Wohnzimmer verbracht hatte, reichte, um meine Beschwerden so zu verstärken, daß ich mich kaum noch auf den Beinen halten konnte.

Nach den Feiertagen fing ich dann langsam an, meine Koffer zu packen, und im Januar 1994 fuhr ich dann zur Kur. Meine Tochter brachte mich mit meinem Gepäck zum Bahnhof, denn ich fuhr mit dem Zug dorthin. Mein Mann wollte mich nicht zum Bahnhof bringen. Er stand noch nicht einmal auf, um mich zu verabschieden, sondern blieb im Bett liegen und schlief weiter.

* * *

Als ich in der Klinik ankam, stellte ich fest, daß es ein Sanatorium für psychisch- und psychosomatisch Erkrankte war. Schon bei dem Aufnahmegespräch sagte der Arzt zu mir, daß ich das, was ich hier erleben würde, nie vergessen würde. Und so war es dann auch.

Die Tabletten, die ich seit zehn Jahren als Beruhigungs- und Schlaftabletten verordnet bekommen hatte, mußte ich sofort abgeben. Als Ersatz bekam ich am Abend Honig in Milch und Magnesiumtabletten, die auch in der Milch aufgelöst wurden. Kurz nachdem ich dies getrunken hatte, bekam ich Krämpfe und mußte mich übergeben.

Zu Hause hatte ich schon lange keine Milch mehr getrunken, denn ich wußte, daß ich sie nicht vertragen konnte. Leider glaubte mir hier keiner.

Der komische Geschmack in meinem Mund hatte stark zugenommen. Es war, als ob ich etwas verrostetes im Mund hatte. Inzwischen roch mein ganzer Körper auch schon danach.

Mein Bauch wurde so dick, daß ich kaum noch atmen konnte. Aus meinem Mund kamen Gase, die mich an den Geruch im Betrieb, in dem ich gearbeitet hatte, erinnerte, wenn die Ratten, die vergiftet worden waren, sich in den Leitungsschächten festgelaufen hatten und dort lagen und verwesten.

Alle, die neben mir standen, wunderten sich über den komischen Geruch.

Seitdem ich in dem Sanatorium war, glaube ich an Schutzengel, denn dort hatte ich einen in Gestalt einer Krankenschwester, die auch eingeliefert worden war, um behandelt zu werden. Sie kümmerte sich in den Momenten um mich, in denen ich glaubte, die Schmerzen und all die anderen Beschwerden nicht mehr ertragen zu können.

In meinen Därmen brannte es inzwischen wie Feuer.

Ich hatte starken Durchfall, und nach jeder Mahlzeit, die ich zu mir nahm, mußte ich mich übergeben.

Alles, was ich erbrach, schmeckte nach Metall.

Es rauschte fürchterlich in meinen Ohren und die brennenden, stechenden Schmerzen in meinem Kopf nahmen so stark zu, daß ich glaubte, er müsse jeden Moment zerreißen. Gleichzeitig entstand ein unerträglicher Druck in meinem Kopf. Es war so, als wenn der Inhalt zunahm und der Kopf zu klein war.

Auch die Kieferschmerzen waren oft nicht zu ertragen.

Jetzt hatte ich ständig das Gefühl, daß ich narkotisiert war. Alles war weit weg von mir. Diesen Zustand hatte ich zeitweise auch schon vorher erlebt. Jetzt war es ein Dauerzustand geworden. Es kam mir so vor, als ob ich hinter einer Glaswand sitzen würde und somit nie ganz anwesend war.

Gleichzeitig fühlte ich mich hohl und leer, obwohl ich so aufgebläht war, daß ich meinte, ich würde bald platzen.

Meine Sehstörungen wurden auch wieder schlimmer. Ich sah viele Dinge im Zeitlupentempo, manchmal auch doppelt, und meine Körperteile sah ich einmal zu lang und ein anderes mal zu kurz.

Mein Spiegelbild konnte ich gar nicht mehr erkennen. Es war total verzerrt. Es dauerte ein halbes Jahr, bis ich mich im Spiegel wieder deutlich erkennen konnte.

Mein Körper war ohne Halt und war, außer den Schmerzen, die ich hatte, nicht für mich vorhanden.

Ich konnte alle Körperteile sehen, konnte aber von ihnen gefühlsmäßig nichts wahrnehmen. Dadurch hatte ich die Kontrolle über sie verloren und konnte aus diesem Grund kaum laufen.

Oft bekam ich einen ganz steifen Nacken und krampfartige Schmerzen im Hinterkopf, die dann später über den ganzen Kopf zogen.

Jede Bewegung, die ich machte, war marionettenhaft.

Alles drehte sich um mich, und ich hatte Probleme, etwas zu erkennen.

Wenn ich meinen Körper berührte, merkte ich nichts hiervon. Ich spürte an meinem Körper wohl, daß mich etwas berührte, aber ich konnte nicht fühlen, daß ich mich berührte. Es wurde nicht gemeldet, mein Tastgefühl mußte gestört sein.

Alles was ich anfaßte, war vom Gefühl des Ertastens viel kleiner als es wirklich war.

Meine Haare waren wie Stroh und meine Fingernägel bröckelten ab. Die Nase war inzwischen zu und mein Zahnfleisch war entzündet.

Ich rief meinen Mann an, weil ich hoffte, daß er mir helfen würde, obwohl mir das Telefonieren inzwischen auch Probleme machte, denn sowie ich den Telefonhörer ans Ohr hielt, wurden meine Schmerzen im Kopf noch stärker. Die Probleme beim telefonieren steigerten sich nach kurzer Zeit so, daß ich vor Schmerzen im Kopf umfiel.

Als ich dies der Ärztin sagte, fragte sie mich, worüber ich mich denn bloß unterhalten würde, daß es mir das Herz so schwer machen würde, daß ich davon umfalle. In dem Telefongespräch habe ich meinen Mann gebeten, bei den Ärzten des Sanatoriums anzurufen und mit ihnen zu reden, denn ich konnte meinen Zustand nicht mehr ertragen. Mein Mann sagte aber zu mir, ob ich nicht manns genug wäre, mich selber durchzusetzen, und damit beendete er das Telefongespräch.

Meine Tochter rief ich auch an, die sich dann mit der Ärztin in Verbindung setzte, die mich hierher geschickt hatte. Sie gab meiner Tochter den Rat, mir zu sagen, daß ich unbedingt dort bleiben müßte, wenn ich gesund werden wollte.

Eine Mitpatientin rief meinen Sohn an, der aber auch nichts unternahm. So wurde angeordnet, was ich zu machen hatte.

Da ich kaum in der Lage war, aus dem Bett aufzustehen, blieb ich liegen. Ich rief im Schwesternzimmer an und sagte Bescheid, daß es mir so schlecht ginge, daß ich nicht aufstehen konnte. Aber es kam keiner zu mir. Ich versuchte es immer wieder, aber sobald die Schwester merkte, daß ich es war, legte sie den Telefonhörer wieder auf.

Am nächsten Tag kam eine Ärztin in mein Zimmer und sagte mir, ich sollte mich anziehen und zum Essen in den Eßsaal gehen. Ich solle mich benehmen wie alle anderen auch, denn ich könnte dort alles verlieren, nur nicht mein Gesicht, dann würden sie mich wegbringen.

Ich hatte Angst und tat, was sie verlangte, ich ging essen, und nachdem ich ein paar Bissen gegessen hatte, mußte ich mich übergeben.

Der Eßsaal wurde durch eine Schiebetür vom Aufenthaltsraum getrennt. Jedesmal, wenn jemand durch die Tür in den Eßsaal kam, wurde mir schlecht, und meine Schmerzen im Kopf nahmen zu. Einige Male fiel ich sogar davon um. Ich konnte es nicht ertragen, wenn die Tür sich bewegte.

Gruppentherapie mußte ich jetzt auch machen, außerdem hatte ich auch Einzelgespräche.

Ich bekam Bäder und Massagen verordnet.

Der Krankenschwester, die ich meinen Schutzengel nannte, verbot man, sich um mich zu kümmern, und mir sagte man, ich sollte mich nicht mit ihr abgeben.

Ein paar Tage spürte ich auch, wie sie sich von mir zurückzog, aber Gott sei Dank kümmerte sie sich dann doch wieder um mich.

Oft nahm sie mich in den Arm, wenn ich kurz vor dem Umfallen war. Sie sagte dann zu mir, ich solle keine Angst haben, sie würde mich auffangen, wenn ich umfalle.

Leider fiel ich auch um, wenn sie nicht in meiner Nähe war. Es kümmerte sich dann keiner darum. Wie oft ich in den vielen Wochen umgefallen bin, kann ich gar nicht sagen. An einigen Tagen passierte es dreimal.

Wenn mich jemand ansah, der eine Brille trug, und ich ihn dann durch diese Brille ansah, was anders ja nicht möglich ist, vergrößerten sich seine Augen so stark, daß sie eine unvorstellbare Größe annahmen. Gleichzeitig wurde das Gesicht des betroffenen so nah an mich herangezogen, daß es kurz vor meinen Augen war. Ich bekam dann schreckliche Schmerzen im Kopf und mir wurde übel.

Mein Bauch war immer entsetzlich dick aufgebläht. Es gärte so stark darin, daß ich immer dachte, daß es jeden Moment aus mir heraussprudeln müßte.

Ich fragte meine Ärztin, was es sein könnte. Da sagte sie zu mir, es wäre Angst und Angst macht dumm, deshalb wissen Sie auch nicht, was Sie haben.

An einem Tag war mein Bauch wieder so dick, daß ich kaum atmen konnte. Ich wurde in das Schwesternzimmer gebracht und wartete dort auf die Ärztin. Als sie dann da war, fragte sie mich, ob ich mich so verknallt hätte, daß es mir die Luft nimmt.

Ich war so geschockt, daß ich gar nichts mehr sagen konnte. Das Reden fiel mir wegen der Atemnot sowieso schon schwer.

Nach einer kurzen Zeit schickte man mich wieder weg. Man gab mir noch den Rat, wenn ich wieder keine Luft bekommen würde, sollte ich in den Wald gehen und schreien. Es dauerte immer Stunden, bevor ich wieder richtig atmen konnte.

Als es mir wieder einmal so schlecht ging, daß ich nicht aufstehen konnte, weil ich mich vor Schmerzen in den Därmen und Krämpfen in den Beinen nur noch gekrümmt habe und um Hilfe gerufen hatte, schickte man mir den diensthabenden Arzt, der auch mein Therapeut war.

Dieser Arzt stand, die Hände in die Taille aufgestützt, vor meinem Bett und sagte zu mir, ich hätte keine Schmerzen, dies würde ich mir alles in meinem kleinen Gehirn ausdenken, und wenn ich mich nicht zusammen nähme, würde er mich in die geschlossene Anstalt bringen.

Meinetwegen würde er nicht noch einmal über den Hof laufen. Er gab mir ein paar Tropfen und ging wieder.

Ab sofort bekam ich dreimal am Tag Tropfen, nach denen es mir eher schlechter als besser ging.

Dies war nach etwa zwei Wochen Aufenthalt in diesem Sanatorium. Nachts hatte ich so starke brennende Schmerzen im Kopf und in den Därmen, daß es mir nicht möglich war zu schlafen.

Eine Karte, die mein ältestes Enkelkind mir aus dem Urlaub geschickt hatte, hielt ich immer in der Hand. Ich brauchte etwas, wofür es sich lohnte, weiter zu leben, und meine Enkelkinder wollte ich auf jeden Fall wiedersehen, obwohl es kaum noch möglich war, meine Schmerzen zu ertragen. Aber diese Karte in meiner Hand gab mir die Kraft dazu.

Wieder einmal mußte ich zu meinem Arzt und Therapeuten zu einem Gespräch.

Ich saß vor ihm und war kaum fähig, ein Gespräch mit ihm zu führen, weil ich so starke Schmerzen hatte. Wie immer erzählte ich ihm davon.

Er sagte daraufhin zu mir: Sie haben keine Schmerzen. Dann griff er zum Telefonhörer und rief eine Krankenschwester in sein Zimmer.

Als diese erschien, sagte er zu ihr: Sie gehen jetzt mit der Patientin in den Keller und lassen sie solange auf die Trommel schlagen, bis sie begriffen hat, daß sie keine Schmerzen hat, sondern daß das, was sie empfindet, nichts als Wut ist.

So mußte ich mit in den Keller und auf die Trommel schlagen.

Bei jedem Schlag wurden die Schmerzen in meinem Kopf durch das schreckliche Dröhnen noch stärker, aber die Krankenschwester ließ nicht locker. Ich mußte eine Ewigkeit auf der Trommel herumschlagen, und sie stand während der Zeit neben mir vor der Tür, damit ich nicht heraus konnte.

Ich bin nach dieser Tortour zusammengebrochen, aber das interessierte keinen.

Sie freuten sich, daß sie es geschafft hatten, mir ihren Willen aufzuzwingen und ich hatte mich so wieder einmal vor der geschlossenen Psychiatrie gerettet. Denn diese Drohung war bei jedem Gespräch dabei.

Wenn ich in der Bäderabteilung war, konnte ich vor Schmerzen kaum noch denken, und nach einem Bad ging es mir so schlecht, das die Bademeisterin mich ins Schwesternzimmer bringen wollte. Es brannte in meinem Kopf, in meinen Bronchien und Därmen, als wenn ich Feuer in mir hätte.

An der Tür angekommen, klopfte sie und öffnete die Tür. Als die Schwestern mich sahen, sagte eine von ihnen: Ach die schon wieder, das kennen wir schon, die nehmen sie mal gleich wieder mit. Eine Schwester kam zur Tür und machte diese vor unserer Nase zu.

Die Bademeisterin sagte daraufhin zu mir: Ist das unmenschlich, wie sie hier behandelt werden.

Diese Bademeisterin war die einzige des ganzen Personals dieses Sanatoriums, die während meines Aufenthaltes dort den Versuch gemacht hat, mir zu helfen.

Mein sogenannter Schutzengel versuchte immer wieder, mir alles zu erleichtern. Sie schleppte mich, obwohl ich kaum laufen konnte, mit, wenn sie einkaufen oder Kaffee trinken ging, weil sie der Meinung war, das ich unbedingt an die frische Luft mußte. Wenn wir uns draußen aufhielten, ging es mir auch etwas besser. Aber sowie wir in ein Geschäft oder ein Café kamen, verschlechterte sich mein Zustand wieder. Sie hat sich sehr um mich bemüht und war der Meinung, das ich unbedingt mehr Essen mußte. Mir ging es aber so schlecht, das ich alles, was ich gegessen hatte, nach kurzer Zeit wieder erbrach.

An einem Sonntag wollte mein Schutzengel auf einen Berg, der in der Nähe des Sanatoriums war. Sie wollte mich mitnehmen, damit ich wieder einmal an die Luft käme, sagte sie. Es wäre auch kein Problem gewesen, denn man konnte mit dem Auto hinauffahren.

Gleich nach dem Frühstück sollte es losgehen. Als wir dann am Sonntagmorgen gefrühstückt hatten, bekam ich schreckliche Krämpfe in den Därmen und im Kopf. Ich fiel von den Schmerzen, wie so oft, um.

Mein Schutzengel schleppte mich auf ein Sofa und holte dann eine Schwester. Die Schwester kam nach einiger Zeit, machte aber keine Anstalten etwas zu unternehmen. Da sagte mein Schutzengel zu ihr, das sie doch den Blutdruck messen müßte und auch einen Arzt benachrichtigen solle.

Daraufhin sagte die Krankenschwester, ich gebrauche keinen Arzt, sie wüßte, was ich gebrauche. Sie rauschte davon und kam mit den mir bekannten Tropfen wieder, die sie mir dann auch gleich einflößte, wonach es mir noch schlechter ging.

Danach wurde ich in mein Zimmer geschleppt und auf mein Bett gelegt. Gegen Mittag kam die gleiche Schwester wieder und sagte, ich hätte jetzt lange genug gelegen, ich solle aufstehen und zum Essen gehen.

Ich habe es tatsächlich geschafft in den Eßsaal zu kommen, aber essen konnte ich keinen Bissen.

Meine Mitpatienten sahen mich mitleidig an, aber unternommen hat keiner etwas. Am Montagmorgen, als ich die Ärztin traf, sah sie mich ganz vorwurfsvoll an und sagte: Sie machen uns Probleme, das müssen sie ändern, sonst können wir sie nicht hier behalten, sie wissen ja Bescheid.

Mir war nicht ganz klar, was ich daran ändern sollte, das die nicht in der Lage waren zu erkennen, wie krank ich war. Aber ich mußte auch das wieder hinnehmen und hoffen, das ich die Zeit irgendwie herum bekam.

An einem Tag hatte ich wieder ein Gespräch mit meinem Arzt und Therapeuten. Als ich vor ihm saß, erzählte ich ihm wieder von meinen starken Schmerzen und auch, das ich das Gefühl hatte, das der obere Teil meines Kopfes gar nicht mehr zu mir gehörte. Es war, als wenn ich eine schwere Platte in meinem Kopf hatte, die mich daran hinderte, einen klaren Gedanken zu fassen. Mein Kopf war total blockiert.

Außerdem erzählte ich ihm, daß ich kaum noch Kraft hätte, mich auf den Beinen zu halten. Ich wollte von ihm wissen, was dies alles sein könnte.

Daraufhin sagte der Arzt zu mir, daß er doch nicht wüßte, was ich für Krankheiten hätte, das wollte er gerade von mir wissen. Oder ob ich mir vielleicht einbilde, das er mir die Kraft mit einem Schöpflöffel einfüllen würde.

Dann sagte er noch zu mir, daß er meinen Mann gut verstehen könnte, denn so wie ich aussehen würde, würde er sich auch langweilen mit mir.

Er stellte mir noch ein paar Fragen, die aber nichts mit meinen Beschwerden zu tun hatten und empfahl mir dann, eine Runde zu schwimmen oder einmal um den Block zu laufen. Danach würde es mir bestimmt besser gehen. Ich hatte das, was er verordnete zu tun, denn es war ein Teil der Behandlung.

So ging ich in das Schwimmbecken in der Bäderabteilung und schwamm. Nachdem ich eine Runde geschwommen hatte, war ich kaum noch in der Lage an der Leiter aus dem Schwimmbecken hinaus zu klettern. Ich war von dem Chlorgeruch so benommen, das ich mich wie in einem Trancezustand fühlte. Mit letzter Kraft schleppte ich mich in mein Zimmer. Völlig fertig rief ich eine meiner Schwestern an und erzählte weinend von meinem Kummer und von den Schmerzen, die aber sagte zu mir: Du weinst ja, das ist ja toll, halte man durch, es wird schon werden.

Sie kannte mich nur als eine starke Frau, die nie weinte und mein Weinen sah sie als Erfolg an. Enttäuscht legte ich den Hörer auf. Bei meinem nächsten Gespräch mit meinem Therapeuten klagte ich wieder über meine Beschwerden und starken Schmerzen. Diesmal sagte der Arzt zu mir, ich sollte in die Bäderabteilung gehen und mir sexuelle Gefühle machen lassen, die für nachts gut wären, denn dann hätte ich wohl keine Gelegenheit, derartige Gefühle auszuleben.

Die Behandlungsmethoden in diesem Sanatorium kamen mir

schon lange sonderbar vor und ich hatte auch schon oft erlebt, das sich Ärzte für Halbgötter in Weiß hielten, aber was ich hier erlebte, übertraf alles. Denn ich war schon oft genug in der Bäderabteilung gewesen und wußte, das die Schmerzen, die ich dort bekam, kaum zu ertragen waren und dies hatte ich dem Arzt auch erzählt.

Besonders schlimm waren die Kräuter- und Molkebäder. Mir war es danach kaum noch möglich, aus der Wanne zu kommen und wenn ich an die Unterwassermassage denke, habe ich heute noch das Gefühl, das man mir das Fleisch von den Knochen reißt.

Aber ich mußte hin. Ich hatte alle angerufen, von denen ich Hilfe erwartet hatte, aber es hatte mir keiner geholfen und wenn ich nicht in einer geschlossenen Anstalt landen wollte, mußte ich durchhalten.

Zweimal in der Woche war in diesem Sanatorium Malen angesagt.

Mir wurde schon übel und die Schmerzen unerträglich, wenn ich den Raum, in dem das ganze stattfand, betrat, denn die Farben, die dort standen, verbreiteten einen unerträglichen Geruch.

Einmal sollten wir ein Bild aus einem Märchen, das uns immer gut gefallen hatte, malen.

Ich malte Hänsel und Gretel.

Hand in Hand waren sie auf dem Heimweg. Das hätte ich lieber nicht machen sollten, denn daraus wollten die Ärztin und der Therapeut erkennen, das bei mir immer alles gut ausgehen mußte.

Ich könnte nicht akzeptieren, daß es auch hin und wieder einmal Dinge gab, die nicht gut ausgingen.

Ich wollte Tote zum Leben erwecken sagten sie.

Sie redeten unaufhaltsam auf mich ein und erwarteten auch noch, daß ich ihnen den Sinn meines Bildes erklärte.

Ich war so fertig von den Schmerzen, die sie mir nicht glaubten, daß ich gar nichts mehr sagte. Das sahen die beiden als einsichtiges Verhalten an und so konnte ich den Raum endlich verlassen.

Ich hätte den beiden gerne ins Gesicht geschrien, das daß, was ich dort hinnehmen mußte, schon mehr war, als das was andere in ihrem ganzen Leben hinnehmen mußten. Aber ich wußte, was sie dann mit mir machen würden und deshalb war ich lieber still und ging in mein Zimmer.

Jeder Tag, den ich hier verbrachte, war die Hölle für mich. Eines Tages zeigte ich einer Ärztin mein entzündetes Zahnfleisch. Ohne es sich anzusehen, sagte sie, es ist nichts, verlassen sie sich da ganz auf uns.

Dann wollte sie noch von mir wissen, an wen oder was mich das Aussehen von meinem Zahnfleisch erinnert. Wo ich das schon mal gesehen hätte. Sie gab sich große Mühe mir einzureden, das ich mir mein entzündetes Zahnfleisch und die freiliegenden Zahnhälse einbilde.

Mein bisheriger Arzt ging in Urlaub und mir wurde eine andere Ärztin zugewiesen. Auch bei ihr klagte ich über meine unterschiedlichen Beschwerden und die starken brennenden Schmerzen im Kopf und in den Därmen.

Sie aber sagte, daß ich keine hätte, es wäre alles innerer Druck. Ich sollte mich jeden Abend selbst befriedigen, dann würde es mir auch besser gehen, dies wäre ganz normal und alle Frauen würden es tun.

Allmählich zweifelte ich an meinem Verstand, aber auch an dem Verstand der dort behandelnden Ärzte.

Ich hatte das Gefühl, das diese Ärztin dringender als die Patienten dort, eine Therapie benötigt hätte, denn sie hatte sich so in die Sexprobleme der Patienten verrannt, das es mir schon krankhaft erschien.

Der Raum in dem wir Gruppentherapie hatten, war ganz mit Holz ausgekleidet. Der Geruch, der dort war, verschlimmerte meinen Narkosezustand so, das ich gar nicht mehr aufnahmefähig war. Außerdem bekam ich dort keine Luft. Die Ärztin wollte mir dann immer die Nase zu halten, sie meinte, dann würde ich schon richtig atmen. Bis sie bemerkte, das dann gar nichts mehr ging.

In einem anderen Raum im Dachgeschoß, der auch mit Holz ausgekleidet und mit Teppichen verlegt war, machten wir Autogenes Training. Ich mußte die Formel, die uns entspannen sollte, gar nicht erst hören, den der Geruch der dort war, versetzte mich sofort in den bekannten Narkosezustand, so daß ich große Probleme hatte, den Raum nach Beendigung der Übung zu verlassen.

Der Therapeut sah dies als besonders guten Erfolg seiner Übungsmethoden an. Meine Schmerzen und meine Übelkeit interessierten ihn wenig.

Wieder einmal bekam ich keine Luft und wurde ins Schwesternzimmer gebracht. Die Ärztin wurde gerufen, die mir dann Tropfen mischte.

Jetzt sah ich, das es genau die gleichen Tropfen waren, die mein Bruder bekommen hatte, bis er sich das Leben nahm.

Sie hielten mich tatsächlich für psychisch krank. Ich lehnte es ab, die Tropfen zu nehmen. Aber die Ärztin sagte zu mir, dann müßte sie mich woanders hin bringen. So nahm ich die Tropfen, denn ich wußte, wo sie mich hinbringen wollte.

Die sechs Wochen gingen endlich zu Ende und wir vier Frauen, die oft zusammen gewesen waren, gingen zum Abschied gemeinsam noch einmal weg.

Das was ich tat, konnte ich nicht gehen nennen, ich schaukelte nur durch die Gegend. Wir gingen durch einen Wald, dort ging es mir etwas besser, aber als wir dann in ein Café kamen, konnte ich die brennenden Schmerzen in meinem Kopf und meinen Därmen kaum ertragen und ich fragte mich, wie mein Leben wohl weitergehen sollte.

Ich war froh, das ich die Zeit im Sanatorium überlebt hatte, wußte aber auch nicht, wo ich Hilfe finden sollte.

Bei der Abschlußvisite, sagte die Ärztin zu mir, so etwas wie mich, hätte man früher in die Psychiatrie gebracht und dort hätte man mir Medikamente verabreicht. Wir aber wollen es einmal mit ein paar guten Worten versuchen sagte sie und wenn es ihnen in einigen Jahren etwas besser geht, kommen sie doch einmal wieder.

Das war ein Angebot, worauf ich gewartet hatte. Was ich dort erlebt hatte, würde mir bis an mein Lebensende reichen und von wegen Medikamente, was waren die Tropfen denn gewesen, die sie mir hier verabreicht hatten.

Mein Schutzengel wurde mit mir zusammen entlassen. Sie fuhr mich zum Bahnhof, denn sie war mit dem Auto da. Meine Koffer wurden schon einen Tag vor meiner Abreise aufgegeben. So fuhr ich mit dem Zug nach Hause.

Auf meinem Heimatbahnhof wartete ich auf meinen Mann, der mich abholen sollte. Nach kurzem Warten erschien er. Ohne das er mich begrüßte, was mich gleich noch trauriger machte, obwohl ich so etwas hätte einplanen müssen, denn ich kannte ihn inzwischen schließlich gut genug, holten wir gemeinsam mein Gepäck und fuhren nach Hause.

Mein Zustand war erschreckend, ich konnte kaum etwas im Haushalt machen, denn alles war mir zu schwer.

Ich rief meinen Hausarzt an, um ihm zu erzählen, wie schrecklich es mir ergangen war. Auch erzählte ich ihm, daß ich die Schmerzen kaum ertragen konnte. Daraufhin sagte er zu mir, daß ich ja noch nie besonders stark gewesen wäre. Aus dem Grund hätte man mir auch immer die Tabletten verordnet. Ich legte fassungslos den Hörer auf und überlegte, ob er das, was ich in diesem Sanatorium erlebt hatte, wohl ertragen hätte können.

Zu allen meinen Beschwerden stellte sich jetzt auch noch Fieber ein. Mein Arzt, der mich zu Hause aufsuchte, meinte ich hätte eine Erkältung, was aber nicht stimmte. Meinen Entlassungsbericht aus dem Sanatorium gab ich ihm auch gleich. Damit schickte er mich zu der Ärztin, die mich in das Sanatorium eingewiesen hatte.

Meinen Zahnarzt rief ich auch an und erzählte ihm von dem komischen Geschmack in meinem Mund. Er aber sagte, daß alles nur gewöhnungsbedürftig wäre und daß er inzwischen mit meinem Internisten gesprochen hatte. Er sagte, ich sollte zu ihm gehen, weil dieser ein Entgiftungsmittel für mich hätte.

Ich ging zu ihm und er verschrieb mir Kapseln zur Entgiftung, die ich auch einnahm.

Mein Spiegelbild, das für mich langsam wieder erkennbar wurde, verschlechterte sich nach der Einnahme dieser Kapseln erheblich.

Meine Ärztin wunderte sich über meinen Zustand, weil sie sich eine deutlichen Verbesserung meines Gesundheitszustandes erhofft hatte. Sie war der Meinung, daß viele meiner Symptome auf die Entzugserscheinungen meiner Medikamente zurückzuführen seien, obwohl sie überzeugt war, daß der körperliche Entzug schon längst vorbei sein müßte. Ich sollte jetzt einmal in der Woche ein Gespräch bei ihr haben.

In den Gesprächen, die ich bei ihr hatte, wollte sie mir einreden, daß meine Symptome daher kamen, weil ich von klein an immer für andere sorgen mußte.

Jetzt meldete sich mein Körper mit diesen Symptomen, meinte sie, damit sich jemand um mich kümmert.

Wieviel Widerspruch doch oft in der Deutung der Ärzte ist, denn in der Stunde davor hatte die gleiche Ärztin noch behauptet, daß ich immer unselbständig gewesen wäre.

Außerdem empfahl sie mir Gruppen zu besuchen. Ich machte mich daran, ausfindig zu machen, wo es solche Gruppen gab und suchte diese dann auch auf.

Meine Beschwerden und Schmerzen kannte aber keiner von den dort Anwesenden. Alle, von denen mir einfiel, daß sie einmal etwas mit Entzug zu tun gehabt hatten, rief ich an und erhoffte mir Hilfe von ihnen. Aber bei ihnen war alles ganz anders gewesen als bei mir.

Ich konnte inzwischen nichts mehr in der Wohnung machen und lag sehr viel im Bett. Wenn die Schmerzen unerträglich wurden, sagte ich mir immer wieder, das ist nur der Entzug und irgendwann ist es vorbei.

Es ging aber nicht vorbei. Im Gegenteil, es wurde immer schlimmer. Ich war in das Zimmer meines Sohnes gezogen, denn mein Mann fühlte sich durch mich gestört.

Fast jeden Tag kam ein Arzt zu mir, immer gerade der, der Dienst hatte.

Alle redeten immer nur vom Medikamentenentzug, obwohl ich so viele Beschwerden hatte, die da überhaupt nicht hinein paßten.

Machte ich den Staubsauger an, mußte ich ihn sofort wieder ausschalten, weil ich die brennenden Schmerzen in meinem Kopf nicht ertragen konnte.

Genauso erging es mir, wenn mein Mann das Radio in der Küche einschaltete.

Essen kochen war gar nicht mehr möglich, denn der Elektroherd brachte mich um.

Das Wohnzimmer konnte ich nicht mehr betreten, denn das Fernsehgerät zerriß mich bald vor Schmerzen. Es war, als wenn das Fernsehgerät eine magnetische Anziehung hatte. Es entwickelte sich in sekundenschnelle ein ziehender und brennender Schmerz im Kopf und im ganzen Körper.

Wenn ich ins Badezimmer ging, um mich zu waschen oder zu duschen, hatte ich so starke Schmerzen, daß ich jedesmal glaubte, es nicht mehr aushalten zu können.

Meine Tochter rief meine Ärztin an, weil sie nicht wußte, was sie mit mir machen sollte, denn ich konnte vor Schmerzen die ganze Nacht nicht schlafen und war dann einige Male zu meiner Tochter gegangen. Ich wußte einfach nicht mehr, an wen ich mich wenden sollte.

Die Ärztin sagte aber zu ihr, sie solle mir auf keinen Fall helfen, denn ich wolle nur mit Gewalt Liebe erzwingen. Dies hätten Süchtige so an sich.

Eines abends, ich hatte versucht Essen zu kochen, was mir aber nicht gut gelang, schrie mein Mann, ich wäre noch verrückter als mein Bruder und würde auch nur Mist machen. Dies konnte ich nicht mehr ertragen und rief bei meiner ältesten Schwester an, die mich dann zu sich holte.

Da sie aber auch der Meinung war, daß meine Beschwerden mit dem Medikamentenentzug zusammenhing, ging sie auch hier mit mir zur Suchtberatung. Was ich dort sah, war für mich abstoßend. Betrunkene und ungepflegte Menschen saßen dort herum. Ich fühlte mich bei dem Anblick noch schlechter als es mir schon ging und ich wußte auch, daß meine Beschwerden nichts mit Sucht zu tun hatten.

Es muß meine Schwester viel Überwindung gekostet haben, da mit mir hin zu gehen. Denn sie ist ein genauso sauberer und ordnungsliebender Mensch wie ich. Es ging ihr bei den dort anwesenden Menschen auch nicht gut. Sie hat es aber gut gemeint und wollte mir helfen.

Mir ging es sehr schlecht, nur schaukelnd konnte ich mich auf den Beinen halten. Aber ich besuchte auch dort noch eine Suchtgruppe, in der aber auch keiner meine Beschwerden kannte.

Es war schon ein Problem, dort hin zu kommen, denn wenn ich mit meiner Schwester durch die Straßen, die stark befahren waren, ging, mußte ich ständig würgen.

Meine Schwester gab mir dann immer ein Bonbon, auf dem ich lutschte, damit ich mich nicht übergeben mußte.

Beim Gehen hatte ich das Gefühl, keinen Boden unter den Füßen zu haben. Heute weiß ich, daß es daran lag, das die Rückmeldung bei mir gestört war.

Einen Psychiater suchten wir auch auf, der mir aber nicht sehr hilfreich erschien. Aus diesem Grund ging ich nicht mehr zu ihm.

* * *

Die schon lange geplante Hochzeit meines Sohnes nahte jetzt. Ich wußte nicht, wie ich es schaffen sollte, aber ich mußte dabei sein, wenn mein Sohn heiratet. Mein Aussehen machte mir Probleme, denn meine Haare waren immer noch wie Stroh und auch meine Fingernägel waren noch ganz kaputt.

Mit meinen Haaren wollte ich etwas machen lassen und deshalb ließ ich mich zu einem Friseur fahren. Es war dort entsetzlich für mich, denn die brennenden Schmerzen in meinem Kopf und in meinen Därmen sowie die Sehstörungen steigerten sich ins Unerträgliche. Aber irgendwie überstand ich auch dies wieder. Als ich das Geschäft verließ, konnte ich jedoch das Auto meiner Schwester, das vor der Tür stand, kaum erkennen. Völlig fertig ging ich dann, nachdem wir bei meiner Schwester angekommen waren, ins Bett.

Ich wollte mit meinem Mann gemeinsam im Auto zur Hochzeit meines Sohnes fahren, denn ich wollte ihn nicht damit enttäuschen, daß seine Eltern nicht kamen. Meine Tochter sollte auch mit ihrer ganzen Familie zum Fest kommen und so planten wir, gemeinsam loszufahren.

Ein paar Tage vor der Hochzeit ließ ich mich von meiner Schwester nach Hause bringen. Da ich einen Tag vor der Hochzeit noch einen Termin beim Psychiater hatte, fuhr mein Mann mit mir dort hin.

Er wartete im Auto auf mich. Der Psychiater wollte, daß mein Mann beim nächsten Termin mit anwesend war. Nach dem Gespräch ging ich hinaus, setzte mich zu meinem Mann ins Auto und sagte es ihm.

Mein Mann bekam einen Tobsuchtsanfall.

Er schrie mich an und schlug mit der Faust auf das Armaturenbrett und auf das Lenkrad, so daß ich dachte, er würde es zerschlagen. Dann fuhr er los wie ein Wilder und mißhandelte das Auto weiter.

Ich befürchtete, daß er in seiner Wut irgendwo mit dem Auto gegen fahren würde, aber wir kamen heil zu Hause an. Ich war von dem Wutausbruch meines Mannes so fertig, daß ich zu nichts mehr fähig war. Mit letzter Kraft machte ich meinem Mann aber noch eine Suppe warm, denn wie immer bestand er darauf, daß ich ihm etwas zum Mittagessen machte.

Am nächsten Tag war die Hochzeit meines Sohnes. Und wir mußten zeitig losfahren, wenn wir rechtzeitig zur Trauung da sein wollten. Ich ging früh ins Bett, obwohl ich kaum schlafen konnte, denn nicht nur die Schmerzen, sondern auch das an diesem Tag mit meinem Mann erlebte, ließen mich nicht zu Ruhe kommen. Außerdem ging mir das Gespräch, das ich mit meinem Psychiater gehabt hatte, noch durch den Kopf.

Ich hatte ihm erzählt, daß ich ständig hin und her schaukle, weil mir so schwindlig ist und daß ich kaum laufen konnte. Der Psychiater antwortete daraufhin, daß es daran liegen würde, weil ich so unsicher im Leben stehen würde. Dies würde sich in meinem Gangbild widerspiegeln.

Ich wunderte mich immer wieder über den Einfallsreichtum der Ärzte und Psychiater. Die Ärztin, die mich ins Sanatorium geschickt hatte, war der Meinung, als ich ihr das gleiche erzählt hatte, daß es daran lag, daß ich mich immer um andere kümmern mußte. Jetzt wollte ich auf mich aufmerksam machen, damit andere sich um mich kümmern.

Ich bezweifle stark, daß dieser Psychiater so früh wie ich selbständig sein mußte und es dann auch tatsächlich war. Ich war es jedenfalls leid, mir immer so etwas anhören zu müssen, deshalb ging ich nicht wieder zu diesem Psychiater.

Obwohl ich eine sehr schlechte Nacht hinter mich gebracht hatte, fuhren wir sehr früh los. Die Fahrt mit dem Auto war grauenhaft für mich. Als wir auf einem Rastplatz Pause machten, um etwas zu essen und zu trinken, war es mir kaum möglich, aus dem Auto auszusteigen, weil ich so starke Schmerzen im Kopf und in den Därmen hatte und die Gleichgewichtsstörungen mich hin und her schaukeln ließen.

Mein Bauch war so aufgebläht, daß ich befürchtete, wie ein mit

Gas gefüllter Luftballon abzuheben, und trotzdem mußte ich, um meinen Mann einigermaßen bei Laune zu halten, lächeln.

Nach einer kurzen Pause fuhren wir weiter.

Es gab Augenblicke auf dieser Fahrt, in denen ich gedacht habe: Mach die Tür auf und spring heraus, dann hat alles Leid ein Ende. Aber zum Glück war der Wunsch, bei der Hochzeit meines Sohnes dabei zu sein, stärker.

Am Wohnort meines Sohnes angekommen, gab es Mittagessen. Ich konnte kaum das Messer und die Gabel halten, um damit zu essen, so zitterte ich. Ich nahm mich aber so gut es ging zusammen, um keinen merken zu lassen, wie schlecht es mir ging.

Es kostete mich viel Kraft, an einem Gespräch teilzunehmen, denn in meinem Kopf lief alles durcheinander und die brennenden Schmerzen waren kaum zu ertragen.

Wie ich diesen Tag im einzelnen überstanden habe, ist mir selber nicht klar. Ich hatte so starke Schmerzen und andere Probleme, daß ich mit mir selbst so sehr beschäftigt war, daß ich kaum etwas anderes mitbekommen habe.

Als ich dann nach dem Fest, mehr tot als lebendig, im Bett lag, war ich trotzdem froh, dabei gewesen zu sein, denn ich weiß, daß ich mir nie verziehen hätte, wenn ich nicht hingefahren wäre. Denn meine Kinder sind mir zu wichtig, um bei solchen Ereignissen nicht dabei gewesen zu sein.

Am nächsten Tag ging es wieder nach Hause zurück. Zu Hause angekommen, ging alles wie gehabt weiter. Ich versuchte, so gut es ging, etwas im Haushalt zu machen. Es kam aber nicht viel dabei heraus.

Ich war von den Dauerschmerzen so erschöpft, daß mir die leichteste Arbeit zu schwer war. Ein Arzt hatte mir empfohlen, viel spazieren zu gehen. Ich versuchte es, und wenn ich wiederkam, mußte ich ins Bett, weil ich mich kaum noch auf den Beinen halten konnte.

Mein Mann kümmerte sich nicht um mich, wenn ich im Bett lag. Ihn interessierte nicht, ob ich etwas zu essen oder zu trinken hatte. Er ging morgens zur Arbeit, ohne einen Blick in das Zimmer zu werfen, in dem ich lag, und wenn er wiederkam, interessierte ihn nur, ob es etwas zu essen gab.

Immer wieder versuchte ich, mit meinem Mann über meine Probleme zu reden. Er aber sagte zu mir, ich sollte ihn mit meiner Krankheit in Ruhe lassen. Er wolle leben und nichts mit Krankheiten zu tun haben. Wenn ich Probleme und Schmerzen hätte, sollte ich es einem Arzt erzählen und nicht ihm. Als ob ich das nicht schon lange tat, aber auch die Ärzte hörten mir nicht richtig zu.

Ich wollte so gerne allen Menschen, mit denen ich zu tun hatte, klar machen, was mit mir los war, damit sie mich besser verstehen konnten. Es glaubte mir aber keiner, ob es bei den Ärzten, Verwandten oder Bekannten war, ich wurde überall belächelt und als Simulantin hingestellt.

Meine Sehstörungen waren zu der Zeit schon so ausgeprägt, daß ich zeitweise alle Regenbogenfarben vor meinen Augen hatte.

Einmal sah ich alles gelb und dann plötzlich wieder rot, blau oder grün. Manchmal sah ich auch goldene oder schwarze Punkte.

Oft sah es auch wie ein schwarzes spinnengewebeähnliches Gebilde aus.

Es war entsetzlich, aber ich traute mich schon gar nicht mehr, irgend jemandem davon zu erzählen.

Es glaubte mir ja doch keiner.

Eines nachmittags, als mein Mann von der Arbeit kam, schrie er, ich solle mich anziehen, ins Dorf gehen und einkaufen, um ihm dann etwas zum Abendessen zu kochen. Ich sagte ihm, daß ich das nicht könnte, weil ich zu krank wäre. Er aber schrie weiter. Er schrie, ich würde mich genauso verrückt benehmen wie mein Bruder. Er schrie so lange, bis ich mich anzog und losging.

Ich hatte Angst, daß ich irgendwo im Dorf umfallen würde, deshalb nahm ich mein ältestes Enkelkind an der Hand mit. So hatte ich das Gefühl, daß ich jemanden bei mir hatte, der sich im Notfall um mich kümmern würde. Irgendwie schaffte ich es auch wieder, das Eingekaufte nach Hause zu bringen. Aber aus dem Kochen wurde nicht viel. Denn als ich vor dem Herd stand, um das Essen zu kochen, wurden meine brennenden Schmerzen im Kopf so stark, daß ich die Küche verlassen mußte und sofort ins Bett ging.

Egal was ich machte, um mir Linderung zu verschaffen, es half nichts. Im Gegenteil, meine Beschwerden nahmen, auch wenn es für mich unvorstellbar war, weiter zu.

Meine Ärztin und Therapeutin, die mich ins Sanatorium geschickt hatte, war der Meinung, daß ich eine Therapie in einer Klinik machen sollte, um den Entzug, von dem sie glaubte, daß ich ihn hätte, besser zu überstehen.

Inzwischen nahm ich aber schon fast drei Monate diese Tabletten nicht mehr. Und mir war schon lange klar, daß das, was ich hatte, nichts mit Entzug zu tun hatte. Sie hatte mich in einer Klinik angemeldet und ich wartete jetzt auf den Bescheid, daß ich dort Anreisen könnte.

Ich sehnte diesen Tag herbei, denn mein Zustand war nicht mehr zu ertragen. Ich wollte Hilfe, egal wo, und schlimmer als in dem Sanatorium konnte es sicher nicht mehr kommen.

Im März 1994 war es so weit, man rief mich an und sagte mir, daß ich zwei Tage später kommen konnte. Ich war froh und packte, so gut es ging, meinen Koffer. Abends fragte ich meinen Mann, ob er mich in diese Klinik fahren würde, weil ich dort eine Therapie machen sollte. Eigentlich hätte ich ihn gar nicht zu fragen brauchen, denn ich erahnte seine Antwort schon. Aber mir ging es so schlecht, daß ich nicht ohne Hilfe in diese Klinik kommen konnte.

So kam es, wie ich es mir schon gedacht hatte. Er sagte zu mir, daß er zu so etwas keine Lust und auch keine Zeit hätte, er müsse zur Arbeit. So fragte ich dann einen Verwandten, der bereit war, mich dorthin zu fahren. Die Fahrt dorthin mit dem Auto war wieder einmal grauenvoll für mich. Die Auspuffgase der Autos vor uns zogen in unser Auto und machten mir zu schaffen. Ich fühlte mich wieder einmal wie ein aufgeblasener Luftballon und die brennenden Schmerzen im Kopf und in den Därmen waren unerträglich.

* * *

Endlich angekommen, brachte mich mein Verwandter mit meinen Koffern in das Haus, von dem man mir in der Anmeldung gesagt hatte, daß ich mich dort melden sollte.

Nach der langen Autofahrt hatte ich Probleme mit dem Laufen und schaukelte wie eine Betrunkene durch die Gegend.

Gleich an der Eingangstür war ein Schild angebracht auf dem »Rauchen verboten« stand, was ich gut fand, denn Zigarettenrauch konnte ich nicht vertragen.

Außerdem stand auf dem Schild, daß man dort keine Duftstoffe benutzen durfte. Auch dies fand ich gut, denn auch die machten mir Probleme. Beides löste bei mir die bekannten brennenden Schmerzen aus.

Nachdem mein Verwandter die Koffer im Flur abgestellt hatte, verabschiedete er sich von mir und ging. Ich hatte mich schon oft im Leben allein gelassen gefühlt, aber in dem Zustand, den ich zu der Zeit hatte, empfand ich es noch schlimmer als sonst.

Die Putzfrau zeigte mir das Zimmer, in dem ich untergebracht werden sollte. Ich glaubte, meinen Augen nicht zu trauen. Das Bett, in dem ich schlafen sollte, war noch nicht bezogen. In einem anderen Bett lag eine junge Frau in voller Kleidung, selbst die Schuhe hatte sie noch an und schlief.

Unter ihrem Bett lagen Taschen, Kleidung und Schuhe, alles durcheinander. So etwas hatte ich noch nicht gesehen. In der anderen Ecke stand auch noch ein Bett, wo es nicht viel besser aussah.

Auf dem einzig freien Platz in diesem Zimmer hatte man ein Notbett aufgebaut. Die Patientin war, allem Anschein nach, am umziehen, denn in ihrem Bett lag alles, was man sich für einen Klinikaufenthalt einpackt.

Von Kamm, Schuhen, Zahnbürste, Unterwäsche und Creme bis zu der Tasche, in der das ganze wohl einmal verstaut gewesen war. Als Krönung lag ein Berg von Kleiderbügeln darauf.

Mein erster Gedanke war, daß hier irgend etwas nicht mit rechten Dingen zugehen konnte, denn so etwas war in meinen Augen kein Verhalten von normalen Menschen.

Ich war davon überzeugt, daß man mich hierher abgeschoben hatte. Das war jetzt wohl meine Endstation.

Ich ging durch die Hintertür nach draußen, wo ich eine Bank gesehen hatte, um mich dort hinzusetzen, denn ich wollte alleine sein, weil mich keiner, so traurig wie ich war, sehen sollte. Da begegnete mir das nächste, das mir zu denken gab. An der Eingangstür hatte ich das Schild »Rauchen verboten« gesehen und an der Hintertür stand ein fünfzig cm hoher Aschenbecher, der voll mit Zigarettenstummeln war.

Ich setzte mich trotzdem auf die Bank, denn ich wußte nicht, was ich sonst machen sollte.

Nach einer geraumen Zeit kam jemand, der mir sagte, daß mein Bett jetzt fertig sei und ich in das Zimmer gehen könnte. Ich ging ins Zimmer und richtig, mein Bett war fertig und das Notbett war auch weg.

Ich setzte mich auf mein Bett und wartete darauf, was jetzt wohl kommen würde. Es dauerte nicht lange, da erschien ein junger Mann, der mir erklärte, daß er der Guru sei. Und dieser sogenannte Guru wollte von mir wissen, ob ich am Sonntag Besuch bekommen würde.

Ich sah ihn an und wußte jetzt sicher, daß hier etwas nicht stimmte. Die Haarfrisur und die Ohrringe, die er trug, paßten genau in das Bild, das ich mir von einem Menschen machte, der sich einbildete, ein Guru zu sein.

Ich sagte, ich bekomme keinen Besuch. Da fragte dieser Guru mich, ob denn mein Mann nicht kommen würde und ich antwortete ihm darauf: Mein Mann hält mich für verrückt, der kommt bestimmt nicht.

Er lächelte mich an und wiederholte das, was ich gesagt hatte. Dann ging er wieder. Mein Mann hatte mir inzwischen so oft gesagt, daß ich verrückt bin, daß ich es schon bald selber glaubte.

Dann kam jemand vom Pflegepersonal und stellte sich mir mit ihrem Vornamen vor. Mich sprach sie auch gleich mit meinem Vornamen an und sie duzte mich auch gleich. Das kam mir zu der Zeit erniedrigend vor und machte mich unsicher.

Sie erzählte mir, daß ich die Mahlzeiten in einem anderen Gebäude einnehmen müßte. Ich sollte mich den anderen Patienten anschließen und auch mit ihnen zurückkommen, denn ich dürfte das Krankenhausgelände nicht allein verlassen.

Diese Bevormundung unterstrich meinen Verdacht, daß man mich hierhin abgeschoben hatte. Denn ich konnte nicht verstehen, warum ein erwachsener Mensch nicht allein zum Essen gehen konnte.

Der Raum, indem wir unser Essen zu uns nahmen, war alles andere als schön. Aber zu dem Bild, das ich mir inzwischen von meinem neuen Aufenthaltsort gemacht hatte, paßte er genau. Ich hatte geglaubt, daß ich in ein Krankenhaus gekommen wäre, aber als solches konnte ich dies nicht erkennen.

Alle duzten mich sofort und musterten mich von oben bis unten. Es gefiel mir gar nicht, daß ich in so einer großen Menschenmenge essen mußte, denn es fiel mir schwer, meinen Mund beim Essen zu treffen. Ich hatte überhaupt keine Kontrolle mehr über die Steuerung meines Körpers, deshalb aß ich ganz langsam, um die Richtung immer korrigieren zu können.

Es war mir unangenehm, wenn mir mein Essen von der Gabel fiel oder ich meinen Mund nicht traf. Gesagt hat aber keiner etwas zu mir, vielleicht wurde es von den anderen gar nicht bemerkt. Da ich trotz aller Schmerzen aber immer Hunger hatte, habe ich zu der Zeit zu jeder Mahlzeit etwas gegessen. Doch nach jedem Essen blähte sich mein Bauch dick auf, und die brennenden Schmerzen in den Därmen wurden unerträglich.

Nachmittags packte ich dann meinen Koffer aus, und nach dem Abendessen setzte ich mich in den Aufenthaltsraum, um den anderen Patienten zuzuhören. Dabei stellte ich dann fest, daß meine Symptome wieder anders als bei den dort Anwesenden waren.

Später ging ich in mein Zimmer, denn meine Schmerzen im Kopf nahmen wieder zu und mein Bauch blähte sich auch wieder stark auf.

Am späten Abend, um elf Uhr, kam dann eine Mitpatientin zu mir und richtete mir aus, daß ich zu dem diensthabenden Arzt kommen möchte. Ich ging hin und er sagte: Er hätte Dienst, und da er gerade Zeit hätte, wolle er die Aufnahmeuntersuchung machen. Es kam mir ziemlich komisch vor, daß ein Arzt um diese Zeit eine Aufnahmeuntersuchung machen wollte. Er nannte mir auch gleich seinen Vornamen und duzte mich und auch ich sollte ihn duzten.

Mitten in der Untersuchung fragte er mich plötzlich, welches Datum wir hätten, er sah mich dabei ganz erwartungsvoll an. Daraus zog ich den Schluß, daß der diensthabende Arzt nicht einmal den Tag und Monat meiner körperlichen Untersuchung wußte. Ich nannte ihm beides und machte mir meine Gedanken.

Ich hatte mir vorher schon Gedanken über ihn gemacht, denn auch die Äußerlichkeiten, die mir bei ihm auffielen, paßten nicht in mein gewohntes Bild eines Arztes.

Nach der Untersuchung ging ich ins Bett. Die Schmerzen ließen mich aber wieder nicht schlafen. Ständig hörte ich einen Zug vorbeifahren und dachte schon, daß ich Wahnvorstellungen hätte, bis ich bei dem nächsten Geräusch die Gardine zurücknahm und tatsächlich einen Zug fahren sah. Das beruhigte mich zwar, aber schlafen konnte ich trotzdem nicht.

Zu der Zeit war ich froh, wenn meine Schmerzen mich einmal eine halbe Stunde schlafen ließen, und das war auch kein richtiger Schlaf, sondern ein ohnmachtsnaher Zustand, denn ich war von den ständig andauernden brennenden Schmerzen total ausgelaugt. Sehr stark waren diese Schmerzen inzwischen auch im Rücken und in den Schultern.

Die Krämpfe, die ich zusätzlich ständig in meinen Beinen hatte, trieben mich immer wieder aus meinem Bett. Ich mußte mich dann fest auf den Boden stellen, dann ließen die Krämpfe schneller nach. Oft schaffte ich es aber auch nicht, aus dem Bett zu kommen. Dieser Zustand zog sich schon über viele Monate hin.

Ich war froh, wenn der Morgen da war und ich mich unter die Dusche stellen konnte. Denn dort gingen meine Schmerzen etwas zurück.

Vorsichtig sah ich jeden Morgen in den Spiegel, weil ich hoffte, daß sich an meinem Spiegelbild etwas geändert hätte, machte aber vor Entsetzen die Augen schnell wieder zu, denn das war nicht mein Gesicht, was mich aus dem Spiegel ansah.

Es war immer wieder die schreckliche Fratze mit so großen Zähnen wie bei einem Vampir. Alles war verzerrt.

Die Augen sahen so dick und unförmig aus, als wenn ich mich die ganze Nacht geschlagen hätte.

Mein Mund war so groß und meine Lippen so dick wie bei einem Monster in einem Gruselfilm.

Jeder Tag begann monatelang mit diesem Bild im Spiegel. Anschließend saß ich lange im Bad, wo mich keiner sah und weinte, denn ich konnte nicht fassen, was mit mir passiert war. Erzählen mochte ich anfangs aber keinem etwas davon in der Klinik, denn ich hatte Angst, daß es mir hier genauso wie in dem Sanatorium ergehen würde.

Mein Gehör reagierte auch unterschiedlich. Zeitweise war mir alles zu laut und dann plötzlich mußte ich, wenn mir jemand etwas erzählte, nachfragen, weil ich nichts verstehen konnte.

Ähnlich erging es mir mit meiner Stimme. Zeitweise war sie klar und deutlich und dann wieder konnte ich keinen Ton herausbekommen.

Auf meine Augen konnte ich mich auch nicht verlassen. Manchmal sah ich die Buchstaben und andere Dinge viel zu groß und dann wieder viel zu klein. Zu einer anderen Zeit nahm dann alles wieder seine normale Größe an.

Wenn ich meine Haut berührte, war das ein ganz komisches Gefühl. Sie fühlte sich taub, so wie durch Watte an.

Auch hatte ich häufig Wortfindungsstörungen. Die einfachsten Worte fielen mir nicht ein. All diese Veränderungen machten mir schreckliche Angst. Ich sagte aber keinem von all diesen Dingen, denn ich war ziemlich mißtrauisch.

Nachdem wir am nächsten Morgen gefrühstückt hatten, bekam ich einen Sponsor, der mir behilflich sein sollte. Den bekam dort jeder neue Patient, um in den ersten Tagen eine Ansprechperson zu haben. Endlich wurde mir auch erklärt, was es mit dem Guru auf sich hatte. Dieser war der Patient, der für die Organisation in der Gruppe verantwortlich war. Nach Ablauf einer Woche mußte ein anderer Patient diese Aufgabe übernehmen. Auch die Gruppeneinteilung und der Tagesablauf wurde mir jetzt erklärt.

Es war schon eine seltsame Klinik, in der ich mich befand. Alle Ärzte wurden von den Patienten geduzt und umgekehrt war es genauso.

Da jetzt Feiertage kamen, denn es war Ostern, passierte nicht mehr viel. Die Nächte waren am schlimmsten, denn da ich nicht schlafen konnte, kreisten meine Gedanken immer wieder um das, was man in all den Jahren mit mir gemacht hatte.

Nachdem die Feiertage vorbei waren, untersuchte mich die Ärztin, die für unsere Station verantwortlich war. Sie war noch recht jung und erinnerte mich an meine Tochter. Irgendwie strahlte sie etwas vertrauensvolles aus und das sollte bei mir, mit meinen schlechten Erfahrungen, etwas heißen.

So faßte ich Mut und erzählte ihr von meinen Schmerzen und Problemen und auch davon, daß mein Mann mich für verrückt hielt. Sie hörte sich alles an und sagte dann zu mir, ich könnte ihr sicher glauben, verrückt wäre ich nicht. Da ich aber sehr mißtrauisch geworden war, durch die Erfahrungen, die ich mit Ärzten und Pflegepersonal gemacht hatte, blieb ich vorsichtig im Umgang mit dem gesamten Klinikpersonal.

Ich schleppte mich weiter von einem Tag zum anderen. Nach ein paar Tagen wurde ich einem Neurologen, der in die Klinik gekommen war, vorgestellt. Nachdem er mich eingehend untersucht hatte, war er davon überzeugt, daß ich keine Multiple Sklerose und auch keinen Entzug hatte, sondern das ich vergiftet war und dadurch die starken Probleme hatte.

Weitere Untersuchungen in seiner Praxis und eine Kernspintomografie bestätigten dies.

Auch war dieser Neurologe davon überzeugt, daß die neuen Zähne schuld an der Verschlechterung meines Gesundheitszustandes waren. Den Verdacht hatte ich inzwischen auch schon, denn der komische Geschmack, den ich ständig von den Zähnen hatte, konnte nicht in Ordnung sein. Er empfahl mir, meine Zähne wieder entfernen zu lassen.

Ich bemühte mich sogleich um einen Termin bei einem Zahnarzt, der mit der Klinik zusammenarbeitet. Leider mußte ich einige Zeit warten, denn der Zahnarzt hatte so schnell keinen Termin frei.

Der Neurologe war auch davon überzeugt, daß die Schweißarbeiten, in dem Betrieb, in dem ich gearbeitet hatte bis ich krank wurde, die ersten schweren Schädigungen verursacht hatte.

Die neue Diagnose stand jetzt fest und ich hoffte auf schnelle Hilfe.

Ich war froh, daß meine Erkrankung jetzt endlich einen Namen hatte.

Man nannte sie »Multiple Chemikalien- und Nahrungsmittelunverträglichkeiten«, abgekürzt »MCS«.

Außerdem hatte ich, was auch durch eine Untersuchung festgestellt wurde, eine Elektrosensibilität entwickelt.

In dieser Klinik gab man mir jetzt regelmäßig Infusionen. Außerdem bekam ich eine Menge Vitamine und Mineralien in Form von Tabletten und Kapseln.

Dreimal in der Woche ging ich in die Sauna, um Gift auszuschwitzen.

Mein Körpergeruch und der Geschmack im Mund nahmen in der Sauna so zu, daß mir davon übel wurde. Es war ein starker Metallgeruch und Metallgeschmack. Außerdem schnaubte ich nach der Sauna Eiter und Blut aus der Nase und ich hatte entsetzliche Schmerzen im Kiefer und im Kopf.

Wenn das Wetter es erlaubte und ich Zeit hatte, ging ich nach draußen. Ich hatte dort bestimmte Plätze gefunden, wo es mir besser ging. Selbst mit der Infusion saß ich oft im Freien. Denn ich bemerkte bald, daß es mir an der frischen Luft besser ging als in den Räumen der Klinik.

Gruppentherapie und Einzelgespräche hatte ich auch, denn ich mußte das Erlebte verarbeiten. Ich hatte eine gute Therapeutin, die es bestimmt nicht leicht mit mir hatte. Es kostete sie viel Mühe, mich davon zu überzeugen, daß ich nicht verrückt war, was mein Mann mir ja immer gesagt hatte, sondern das meine ganzen Beschwerden von der Vergiftung und den daraus folgenden Unverträglichkeiten kamen.

Bei einer Rotationsdiät stellte ich dann fest, das ich auf alle Nahrungsmittel mit körperlichen Symptomen reagierte. Immer wieder mußte ich feststellen, daß ich gerade auf die Dinge, die ich besonders gerne aß und von denen ich glaubte, daß sie mir gut bekamen, am heftigsten reagierte.

Es war oft entsetzlich, wenn die Haut in meinem Gesicht und an meinem Körper rot wurde, anschwoll und schrecklich brannte, als hätte ich einen Sonnenbrand.

Oft bekam ich auch schrecklichen Schüttelfrost und ich hatte dann das Gefühl, daß alles Blut aus meinem Körper sich in meinem Bauch zusammenzog.

Es passierte auch, daß ich plötzlich Herzrasen bekam und mein Blutdruck nach oben schnellte. Kurze Zeit später fiel er abrupt ab, so daß mir übel wurde und ich einer Ohnmacht nahe war.

Einige Lebensmittel veränderten auch meine Stimmung.

Oft geschah es, daß ich nach dem Essen in tiefe Depressionen fiel.

Andere Gerichte dagegen machten mich aggressiv. Bei einigen Gerichten war es so schlimm, daß ich, wenn ich den Dampf einatmete, sofort anfing zu weinen und so depressiv wurde, daß ich meinte, nicht weiterleben zu können.

Ein deutlicher Hinweis, daß ich etwas nicht essen konnte, war, wenn mir nach dem ersten Bissen die Nase lief. Von einigen Nahrungsmitteln blockierte meine Nase aber auch. Diese Verengung zog dann bis in die Bronchien, so daß ich schlecht atmen konnte.

Wenn ich Obst und Marmelade aß, gärte es in mir und es entstand so Alkohol in meinem Bauch, dadurch wurde ich wie betrunken. Ich fühle mich dann wie in einem Rauschzustand. Danach kamen die unerträglichen Schmerzen in den Därmen und in meinem Kopf.

Nach einigen Nahrungsmitteln bekam ich dicke und schmerzende Gelenke. Dies zeigte sich aber meistens erst am Tag nachdem ich es gegessen hatte. Deshalb legte ich mir ein Tagebuch zu und schrieb jeden Tag auf, was ich gegessen hatte, und wo ich mich aufgehalten hatte. So konnte ich kontrollieren, nach welchen Nahrungsmitteln dies passierte.

Schreiben mußte ich zu der Zeit mit einem Bleistift, denn der Geruch von einem Kugelschreiber oder Füllhalter verursachte starke Schmerzen bei mir, und meine Sehstörungen verschlimmerten sich auch dadurch.

Ich aß jetzt die Sachen, von denen ich glaubte, daß ich sie noch am besten vertrug.

Oft hatte ich von verschiedenen Gerüchen so starke Reaktionen, daß ich nicht wußte, wie ich das ganze überstehen sollte.

Außer den Schmerzen wurden meine Beine bei jeder starken Reaktion steif und spastisch, wie ich es als Dauerzustand von der Zeit, als ich an Krücken ging, kannte. Laufen konnte ich dann nicht.

Der Druck in meinem Kopf wurde dann so stark, daß ich meinte, der Schädel müßte mir jeden Moment platzen.

Gleichzeitig brannte es im Kopf, als ob glühende Kohlen darin wären.

Erhebliche Sprachstörungen hatte ich dann auch.

In solchen Momenten war es mir nicht möglich, einen klaren Gedanken zu fassen, denn in meinem Kopf lief alles durcheinander.

Es war, als wenn man die Gedanken und das Erlebte aus meinem ganzen Leben kräftig durchgeschüttelt hatte und danach, aus den unterschiedlichsten Zeiten, Teile davon durch meinen Kopf zogen.

Infusionen, die meine Ärztin mir dann gab, halfen mir. Auch Akupunktur, die ein Arzt in solchen Momenten bei mir machte, half.

Dieser Arzt sagte einmal zu mir, ich wäre jetzt das für die Menschen, was früher der Kanarienvogel für die Bergleute war. Das kannte ich aus der Schulzeit, die Bergleute hatten einen Kanarienvogel mitgenommen, wenn sie in die Grube stiegen. Wenn der Kanarienvogel ruhig wurde oder gar von der Stange fiel, liefen die Bergleute um ihr Leben, denn dann waren giftige Gase in der Grube.

Allmählich faßte ich auch Vertrauen zum Pflegepersonal, aber ich suchte mir nur einige bestimmte aus, denen ich etwas erzählte, denn auch hier waren einige, die mich nicht ernst nahmen und alles auf die Psyche schoben. Denn die Klinik, in der ich mich befand, war eine für psychosomatisch erkrankte, in der aber auch an der Umwelt erkrankte behandelt wurden.

Inzwischen hatte ich meine neuen Zähne wieder entfernen lassen und stellte erfreut fest, daß die Stirnhöhlenvereiterung, vier Tage nachdem die Zähne entfernt worden waren, weg war. Die Kieferschmerzen blieben aber noch lange.

Mein Zahnfleisch war von dem Zahnmetall so kaputt, daß alle Zahnhälse frei lagen. Als ich mein Gebiß sanieren ließ, hatte mein damaliger Zahnarzt mein gesundes Zahnfleisch noch gelobt. Heute noch liegen meine Zahnhälse frei, weil mein Zahnfleisch nicht nachwächst.

Lesen konnte ich zu der Zeit nicht. Ich konnte die Buchstaben erkennen, aber es war mir nicht möglich, einen zusammenhängenden Satz daraus zu bilden.

Außerdem veränderte sich größenmäßig das Schriftbild so stark für mich, daß, wenn ich länger darauf sah, sich meine Übelkeit verstärkte.

Auch mit dem Schreiben hatte ich Probleme, denn meine Schrift veränderte sich stark bei »Reaktionen«, so daß sie manchmal kaum zu lesen war.

Eine Ärztin aus England, die mit dem Chefarzt der Klinik, in der ich behandelt wurde, zusammenarbeitet, hatte mich inzwischen untersucht und war der Meinung, daß sie mir in ihrer Klinik in England helfen könnte.

Der Chefarzt der Klinik hatte die Kostenübernahme der Behandlung in dieser Klinik sofort bei der Krankenkasse beantragt.

Da ich mich inzwischen durch die Infusionen, die ich während der ganzen Monate regelmäßig bekommen hatte, etwas stabiler fühlte und weitere Behandlungen zu der Zeit in dieser Klinik nicht gemachte werden konnten, wollte ich versuchen, außerhalb der Klinik zurecht zu kommen.

Auch mein Spiegelbild konnte ich inzwischen wieder erkennen, worüber ich besonders glücklich war.

Ich ließ mich deshalb zu meiner ältesten Schwester bringen, um dort auf den Bewilligungsbescheid der Krankenkasse zu warten. Die Krankenkasse lehnte die Kostenübernahme aber ab.

In dem Haus bei meiner Schwester waren viele Dinge, die mir erhebliche Probleme machten, und da ich jetzt auch keine Infusionen mehr bekam, verschlechterte sich mein Zustand in kurzer Zeit so stark, daß ich wieder in die Klinik zurück mußte. Da ich weiterhin große Probleme mit meiner Nahrungsaufnahme gehabt hatte, hatte ich körperlich inzwischen wieder stark abgebaut. Ich sah kaum noch einen Weg, Hilfe zu finden, aber mir war klar, daß irgend etwas geschehen mußte. So packte ich meinen Koffer und ließ mich in die Klinik zurückbringen.

* * *

Wenn ich jetzt draußen war, weil es mir dort immer am besten ging und es anfing zu regnen, wurde mir von dem Geruch, der von der Erde hochstieg, so übel, das ich mich übergeben mußte. Ich hatte das Gefühl, daß sich die Gefäße in meinem Körper zusammenzogen, so daß ich starke brennende Schmerzen am ganzen Körper bekam.

Meine Hände wurden dann schneeweiß und meine Fingernägel blau.

Ich hatte dann so starke Gleichgewichtsstörungen, das ich nicht laufen konnte. Es bedurfte immer eine geringere Menge der Stoffe, die mir Probleme machten, um starke »Reaktionen« auszulösen.

Alle Dinge, die sich bewegten, lösten bei mir Schmerzen im Kopf aus und mir wurde übel und schwindlig. Selbst die Bewegungen, die meine Mitpatienten mit dem Mund machten, wenn sie sich unterhielten, waren für mich zuviel. Ich gewöhnte mir deshalb an, bei Unterhaltungen nie jemanden auf den Mund zu sehen.

Auch alle Dinge die blank waren und reflektierten, machten mir entsetzliche Schmerzen. Ob es ein Spiegel, eine Scheibe, der blanke Infusionsständer, ja sogar die Brille meiner Mitpatienten war, alles machte mir erhebliche Probleme. Wenn die Sonne auf diese Dinge schien, wurde es noch schlimmer.

Ich hatte das Gefühl, als hätte man mir die Haut abgezogen, so daß jeder Schmerz in das rohe Fleisch ging.

Da die Geräusche in meinen Ohren sich ins unerträgliche steigerten, kaufte ich mir einen Walkman, um mit der Musik, das Rauschen und Piepen zu übertönen.

Der Walkman machte mir zwar auch Schmerzen im Kopf, aber manchmal konnte ich diesen Schmerz besser ertragen, als das Rauschen und Piepen in meinen Ohren.

Auf einem großen Bogen Papier schrieb ich:

Ich weiß, das ich es schaffe mit meiner Erkrankung zu leben, denn ich will leben.

Den Bogen hängte ich am Fußende über meinem Bett auf, so daß ich es morgens als erstes und abends als letztes sah. Ich hatte mir, als ich den Bogen Papier festmachte, geschworen, das ich, egal was passieren würde, immer daran glauben wollte.

Das war sehr wichtig für mich, denn es gab oft Momente, in denen ich glaubte nicht mehr weiterleben zu können.

Große Probleme machten mir meine Därme. Ich hatte das Gefühl nur noch rohes Fleisch in meinem Bauch zu haben.

Besuch bekam ich nur von meiner Tochter, ansonsten besuchte mich keiner, obwohl wir eine große Familie sind.

Mein Mann hatte überall erzählt, das ich durchgedreht wäre. Das genügte allen aus meiner Familie, um mich nicht zu besuchen, denn eine Verrückte besucht man nicht. Ich war sehr enttäuscht von meinen Geschwistern.

Eine Bekannte von mir rief einmal bei mir an. Als ich ihr von meiner Erkrankung erzählte, sagte sie zu mir, ich solle mich da nicht so hineinsteigern, sondern wieder nach Hause kommen, dann würde es mir schon wieder gut gehen.

Zufällig hatte sie eine Berufskollegin, die auch unter dieser Erkrankung litt, was meine Bekannte aber zu der Zeit nicht wußte. Es ergab sich, daß sie sich bei einem Lehrgang trafen und sich über die Probleme mit dieser Erkrankung unterhielten.

Beim nächsten Telefongespräch erzählte mir meine Bekannte davon und sie meinte, jetzt würde sie mir glauben. Mich machte das Gespräch traurig, denn es zeigte mir deutlich, wie wenig man mich ernst nahm.

Anfangs habe ich noch darauf gewartet, das mein Mann mich besucht, weil es für mich nicht vorstellbar ist, das man seinen Partner in so einer Situation alleine läßt. Als er sich aber nach einigen Monaten nicht gemeldet hatte, teilte ich ihm mit, daß ich mich von ihm trennen würde. Denn nachdem er sich mir gegenüber so enttäuschend verhalten hatte, hätte ich nie wieder mit ihm zusammen leben können.

Auf diesen Brief hat er sich nicht bei mir gemeldet. Seine Reaktion habe ich durch eine andere Person erfahren. Er hatte gesagt: Wenn ich wieder normal wäre, würde ich schon wieder angekrochen kommen.

Eine Verwandte von uns hatte zu dieser Zeit Geburtstag. Da ich zu dieser Verwandten immer ein gutes Verhältnis gehabt hatte, wollte ich ihr zu diesem Anlaß gratulieren.

Obwohl sie sich die ganzen Monate nicht bei mir gemeldet hatte, rief ich bei ihr an. Es war aber nur ihr Mann am Telefon und er erzählte mir, das sie Geburtstagsbesuch gehabt hatten und eine Tante mich vermißt hatte. Er hatte zu dieser Tante gesagt, das ich eine Grippe hatte und so nicht mitkommen konnte. Er meinte, es müßte ja nicht jeder wissen, was wirklich mit mir los war.

Daraus konnte ich erkennen, das mein Mann auch dort das gleiche, wie bei allen anderen, erzählt hatte. Diese Verwandten hatte ich immer für ehrlich und offen gehalten und deshalb war ich auch von ihnen stärker enttäuscht, als von anderen Menschen.

Zu meiner Ärztin und meiner Therapeutin hatte ich inzwischen Vertrauen gefaßt und sie halfen mir über vieles hinweg. Diese Unterstützung war sehr wichtig für mich, denn oft konnte ich die Enttäuschungen kaum noch verkraften. Denn es war sehr schmerzhaft von der Familie, von Freunden, die man glaubte zu haben und von Bekannten in Stich gelassen zu werden.

In der Klinik bemühten sich alle sehr um mich und ich merkte dort, das die Ärzte und Therapeuten mehr taten, als nur ihr bisher gelerntes einzusetzen. Sie gingen auf mich ein und versuchten mir, auch ihnen bis dahin unbekannte Symptome, zu erklären.

Alles was jetzt gemacht wurde, war ein gemeinsames ausprobieren. Trotz allem Bemühens verschlechterte sich mein Zustand so, das ich zum Schluß alleine in einem Raum auf einer Matratze auf dem Fußboden lag.

Ich reagierte auf alles um mich herum mit starken Schmerzen und anderen Symptomen. Selbst auf meine Kleidung und Schuhe.

Jedes Geräusch verstärkte meine Schmerzen. Eine lange Zeit war es auch so, das Geräusche und Wörter oder auch Musik, die ich aus dem Nebenzimmer hörte, ständig in meinem Kopf wiederholt wurden. Es war so, als wenn man in einem Gebirge etwas ruft und dieses wie ein Echo ständig wiederhallt.

Selbst die Bewegung meiner Augenlider beim Öffnen und Schließen der Augen verstärkten meine Schmerzen erheblich. Aus dem Grund ließ ich meine Augen nach Möglichkeit geschlossen.

Es wurde immer schwerer am Leben festzuhalten. Aber kleine Dinge, die mir damals ganz wichtig erschienen, machten es mir dann doch möglich.

Einmal brachte mir eine Mitpatientin eine Tube Creme mit. Ich konnte zu der Zeit nicht das Risiko eingehen, sie auszuprobieren, weil ich nichts abkonnte. Diese Tube lag dann neben mir auf dem Fußboden und ich nahm mir fest vor, daß ich sie irgendwann ausprobieren wollte. Das brachte mich dann schon wieder ein Stück weiter.

Später stellte sich heraus, das ich sie nicht abkonnte, aber dann fand ich wieder etwas Neues, wofür es sich lohnte, weiterzumachen.

Trotzdem glaubte ich oft, das Ganze, was mit mir geschah, nicht mehr ertragen zu können und wenn ich die Unterstützung in dieser Klinik nicht gehabt hätte, wäre es mir auch nicht möglich gewesen, dies alles durchzustehen.

In kurzer Zeit hatte ich so viel an Gewicht verloren, das ich mich kaum noch auf den Beinen halten konnte. Essen konnte ich jetzt gar nichts mehr, denn nach jedem Bissen bekam ich so starke Magen-

und Darmkrämpfe, das es unerträglich wurde. Ich spürte, wie jeder Bissen durch meine kaputten Därme zog und ich mußte mir Windeln vorlegen, weil mir alles so weg lief. Ich hatte schon seit langer Zeit Durchfall, aber jetzt war es nur noch Wasser.

Alle Dinge, auf die ich mit Symptomen reagierte, roch ich tagelang. Es dauerte lange bis ich darauf kam, das es daran lag, das sich diese Dinge auf meine Schleimhäute legten und ich es deshalb so lange roch. Wie sagt man doch so schön: Ich haben den Geruch noch in der Nase.

Immer wieder fragte ich mich: Was hat der Zahnarzt bloß mit dir gemacht. Wenn ich mir vorstellte, das es in meinen Därmen genauso aussah, wie in meinem Mund, denn mein ganzes Zahnfleisch hatte sich entzündet von dem Zahnmetall, war mir klar, warum ich bei jedem Bissen, den ich aß, diese entsetzlich brennenden Schmerzen hatte.

Genau wie in meinen Därmen, brannte es auch in meinem Kopf.

Ich fühlte mich wie narkotisiert, weil alles so weit weg war. Auch Menschen, die mir sehr nahe standen, waren gefühlsmäßig weit entfernt von mir, es kam nichts richtig an mich heran. So, als ob um mich herum eine Pufferzone entstanden war.

Nur die Schmerzen und die anderen Symptome wurden dadurch nicht eingedämmt.

Trotzdem oder gerade weil es mir so schlecht ging, sehnte ich mich schrecklich nach meinen Kindern und Enkelkindern.

Ernährt wurde ich jetzt über Infusionen. Aber auch das wurde zu einem Problem, denn ich reagierte inzwischen schon auf die meisten Präparate mit Schmerzen und anderen Problemen.

Schmerzmittel konnte man mir auch nicht geben, denn nachdem ich einmal eine Schmerztablette bekommen hatte, fiel ich nach ein paar Sekunden ohnmächtig um.

Alle waren sehr besorgt um mich. Eine Ärztin, die inzwischen zusätzlich eingestellt worden war, gab sich genauso viel Mühe, wie die Ärztin, die ich bisher gehabt hatte. Selbst der Chefarzt war ein paarmal am Tag bei mir am Bett und tat sein Bestes. Aber alles Bemühen half nichts, es blieb nur noch eine Möglichkeit. Ich mußte in die Klinik nach England, um dort ausgetestet zu werden, damit man Impfstoffe für mich herstellen konnte.

Der Chefarzt beantragte noch einmal die Behandlung in England bei der Krankenkasse. Aber die lehnte die Kostenübernahme wieder ab. Zwanzig Jahre hatte die Krankenkasse Behandlungen und Medikamente für mich bezahlt, die mir nicht geholfen hatten, im Gegenteil, einige Medikamente hatten mir geschadet und meine Symptome verschlimmert und jetzt, wo es endlich Hilfe für mich geben könnte, weil die Krankheit dort bekannt war, wollte sie die Kosten nicht mehr übernehmen. Das war fü mich nicht nachzuvollziehen.

So lag ich da und dachte über mein Leben nach und stellte dabei fest, das ich eigentlich noch nicht richtig gelebt hatte. Auf jeden Fall hatte ich nicht so gelebt, wie ich es mir gewünscht hatte und so nahm ich mir fest vor, Gesund zu werden, um Dinge zu tun, von denen ich schon immer geträumt hatte.

Es mußte einen Weg für mich geben, in diese Klinik nach England zu kommen.

In diesem Moment stand mein Mann in der Tür. Er sah mich auf der Matratze liegen und ohne mich zu begrüßen, fragte er mich, ob ich es schön fände, wie ein Hund auf der Matratze zu liegen.

Er hatte mich schon immer erniedrigend behandelt, aber das wollte ich jetzt nicht mehr hinnehmen. Deshalb sagte ich, das er gehen möchte, was er aber nicht so schnell wollte, denn ich sollte ihm für ein Amt eine Unterschrift geben. Nachdem ich das nicht tat, ging er und ich sah ihn nicht wieder.

Die Wut, die ich in diesem Moment gegen meinen Mann entwikkelte, gab mir den Mut und die Kraft, etwas zu unternehmen.

Am nächsten Tag setzte ich mich mit meiner Bank in Verbindung, um zu erfahren, ob sie bereit wären, mir für die Behandlung in der Klinik in England ein Darlehen zu gewähren. Ich denke, die Zustimmung, die ich dann bekam, verdanke ich einer Spielgefährtin aus der Kindheit, die jetzt Filialleiterin meiner Bank war.

Nachdem das geklärt war, machte mein Arzt einen Termin in England aus. Meine älteste Schwester besuchte mich zu dieser Zeit mit ihrem Mann.

Auch meine Tochter kam noch einmal mit der ganzen Familie und weil es mir so schlecht ging, das ich mit allem rechnete, machte ich mein Testament.

Eine Woche später brachte mich eine Krankenschwester an das Flugzeug, mit dem ich dann nach England flog.

Dies war mein erster Flug und ich wünschte mir, das der Grund hierfür ein anderer gewesen wäre. Aber die Hoffnung, die ich auf diese Behandlung setzte, vertrieb schnell alle Gedanken und ließ diesen Flug als den wichtigsten in meinem Leben erscheinen.

* * *

Dort angekommen, stand ein Auto bereit, das mich in die Klinik fuhr. Es war eine kleine Klinik. Alle in dieser Klinik waren sehr nett und hilfsbereit, so daß ich schnell Vertrauen faßte.

Zum Glück war dort eine deutsche Krankenschwester beschäftigt, die als Dolmetscherin fungierte, sonst hätte es sicher sprachliche Probleme gegeben, denn ich konnte kaum Englisch.

Am nächsten Tag fing man an, mich auszutesten. Angefangen wurde mit den Nahrungsmitteln, die ich an diesem Tag essen sollte, denn auch hier gab es eine Rotationsdiät.

Man fing mit einer bestimmte Stärke des Impfstoffes an und veränderte alle 10 Minuten die Stärke, die man mir unter die Haut am Arm spritzte. Dieses wiederholte man so lange, bis der Punkt erreicht war, bei dem sich meine Beschwerden, die sich während des Testvorganges verstärkt hatten, wieder zurückgingen.

Oft hatte ich beim Testen so starke Reaktionen, das man meinen konnte, das ich einen Riesenberg von dem Lebensmittel, das gerade getestet wurde, gegessen hätte.

An der Quaddel auf meinem Arm, die durch das Einspritzen der Impfstoffe unter die Haut entstanden war, konnte man auch ablesen, ob der Neutralisationspunkt gefunden worden war.

Vor jeder Mahlzeit spritzte man mir dann den Neutralisierungspunkt. Um Sicher zu gehen, spritzte man den gleichen Punkt noch einmal nach dem Essen.

Es klappte wirklich, ich konnte dann die Nahrung, die ich zu mir nahm, besser vertragen. So wurde es jetzt jeden Tag gemacht, bis die Nahrungsmittel, die wichtig für mich waren, durchgetestet waren.

Das gleiche machte man dann auch mit den Chemikalien, die mir im täglichen Leben begegnen.

Jetzt mußte ich lernen, mich selber zu spritzen, denn dies mußte mehrmals täglich gemacht werden. Damit hatte ich aber keine Probleme, es klappte gut.

Mein Zustand verbesserte sich insoweit, das ich wieder etwas Essen konnte, wenn auch nur bestimmte Nahrungsmittel, aber das machte mich schon glücklich. Außerdem war mein Durchfall, den ich ein ganzes Jahr gehabt hatte, weg, nachdem ich die Impfstoffe zwei Wochen gespritzt hatte.

In dieser Klinik bekam ich auch unterschiedlichste Infusionen. Nach vier Wochen war ich durchgetestet und flog nach Deutschland, in die Klinik zurück, in der ich vorher war, denn ich mußte dort weiter behandelt werden.

Aber auch in dieser Klinik, in der ich ja schon einige Monate war, gab es immer wieder Probleme mit den Mitpatienten, die zur psychosomatischen Behandlung dort waren.

Sie benutzten immer wieder Duftstoffe, die bei mir immer wieder starke Reaktionen hervorriefen. Oft wurde das Thema in Gruppen durchdiskutiert, aber es war schwer, diese Patienten davon zu überzeugen, das mir die Pflegemittel, die sie benutzten, Schmerzen und andere Probleme machten.

Es bestand in dieser Klinik ein Parfumverbot, aber die meisten bezogen dies auf Parfum pur, das andere Pflegemittel auch parfümiert waren oder zumindest mit Duftstoffen angereichert, konnte man ihnen schwer klar machen.

Auch war es sehr schwer, diesen Patienten, die ja kein Hintergrundwissen hatten, die unterschiedlichen Symptome die ich hatte, klar zu machen. Es war für sie zum Beispiel nicht zu verstehen, das ich ständig Schmerzen hatte, meinen Körper ansonsten aber nicht wahrnehmen konnte. Sie konnten oder wollten nicht begreifen, das diese Dinge über unterschiedliche Nervenbahnen liefen.

Wenn ich ihnen erzählte, das meine Bewegungen unkontrolliert waren, weil ich kein Gefühl für meine Körperteile hatte, es war gerade so, als wenn Kopf, Arme, Beine und Rumpf Teile für sich waren, es bestand kein spürbarer Zusammenhang, konnten sie es natürlich nicht verstehen. Und das sich durch Duftstoffe solche Probleme noch verstärkten, konnten oder wollten sie schon gar nicht verstehen.

Mich zermürbte es, ständig Erklärungen abgeben zu müssen, denn es wurden immer wieder Patienten entlassen und Neue kamen hinzu, während ich immer noch da war und mit diesen neuen Patienten mußte ich mich dann wieder auseinandersetzen.

Der Geruch von Kaffee machte mir die gleichen Probleme wie die Duftstoffe und dieser wurde von diesen Patienten rund um die Uhr getrunken. Da sich dies aber nicht ändern ließ, mußte ich den Raum verlassen, wenn sich jemand Kaffee eingoß.

Auch mit den Patienten die rauchten, hatte ich Probleme, denn der Rauchgeruch, den sie mit ihrer Kleidung in die Räume brachten, genügte um bei mir Schmerzen auszulösen.

Es kam auch vor, das Patienten mit der gleichen Erkrankung wie ich, allen anderen das Leben schwer machten. Sie saugten ihre Mitpatienten förmlich mit Fragen aus und vergaßen dabei ganz, das diese auch betroffen waren und so ständige Belastungen nicht ertragen konnten.

Auf ihren langen Irrwegen hatten sie verlernt aufeinander Rücksicht zu nehmen und benahmen sich zum Teil sehr egoistisch.

Ein großes Problem war auch, das Patienten oft auf unterschiedliche Dinge reagierten. So meinte jeder, das die Cremes oder andere Dinge, die er vertrug, alle vertragen mußten. Oft war es so, das sie die Dinge selbst nicht vertragen konnten. Sie wußten es aber noch nicht, weil sie ihre eignen Symptome noch nicht einordnen konnten.

Wenn man es ihnen sagte, waren sie oft böse, weil sie meinten, das man ihnen ihre Cremes oder sonstiges nicht gönnte, weil man sie selbst nicht benutzen konnte.

Meine Empfindlichkeit war für mich oft erschreckend. Ich ging einmal in einen Raum auf dem Klinikgelände, weil ich dort etwas erledigen sollte.

In Sekundenschnelle bekam ich starke Reaktionen. Ich konnte den Raum gerade noch verlassen, bevor ich unfähig wurde zu laufen.

Die brennenden Schmerzen zogen von den Zehenspitzen durch den ganzen Körper bis in den Kopf und die Fingerspitzen.

Ganz schlimm waren die Schmerzen auch immer wieder im Kiefer. Es war dann so, als wenn ich starke Zahnschmerzen hatte. Auch da wo keine Zähne mehr waren.

Alles verkrampfte sich so, das ich nicht einmal die Finger bewegen konnte um meine Impfstoffe zu spritzen. Das mußte in solchen Momenten die Ärztin übernehmen.

Ich hatte nichts gesehen oder gerochen, deshalb ließ die Ärztin nachfragen, was in dem Raum gemacht worden war. Es stellte sich heraus, das Handwerker ein Rohr geschweißt hatten. Diese winzigen Metalldämpfe in der Luft hatten bei mir solche heftige Reaktion ausgelöst. Ich konnte es oft selber nicht fassen.

Ich versuchte so gut es ging zurecht zukommen. So verbrachte ich das Weihnachtsfest und Silvester auch in dieser Klinik. Einige Mitpatienten brachten mir ein Weihnachtsgeschenk. Als ich es ausgepackt hatte, stellte ich verwundert fest, das es ein »Steh-auf-Männchen« war. Sie waren der Meinung, das ich auch ein »Steh-auf-Männchen« sei und so hieß ich jetzt bei diesen Patienten »Steh-auf-Männchen«.

Auch ich hatte einige Geschenke besorgt. Beim Einpacken mußte ich feststellen, das der Geruch des Geschenkpapiers mir starke Beschwerden bereitete.

An solchen Festtagen wurde es mir besonders deutlich gezeigt, wie eingeschränkt meine Diät war, denn die anderen Patienten bekamen ein richtiges Festessen.

Die Mitpatienten, die mir schon das Weihnachtsgeschenk gebracht hatten, wußten, das ich zu der Zeit nicht lesen konnte. Da sie mir eine Freude machen wollten, sprachen sie ein Märchen für Erwachsene auf Kassetten, die sie mir dann brachten.

Ich habe diese Kassetten in den Nächten, wenn ich wach lag oft gehört. Trotz der Schmerzen, die der Walkman mir machte, fand ich sie schön.

Kurze Zeit später merkte ich, das meine Impfstoffe nicht mehr stimmten, denn meine Beschwerden nahmen wieder zu. So mußte ich wieder in die Klinik nach England, um mich nachtesten zu lassen.

Auch dies mußte ich wieder selber bezahlen. Bevor ich los flog besuchte mich mein Sohn. Auf diesen Besuch hatte ich schon lange gewartet und es freute mich, das er endlich einmal kam. So sind Mütter wohl.

Diesmal fiel es mir nicht so schwer nach England zu fliegen, denn ich wußte jetzt, was mich dort erwartete. Nachdem ich dort nachgetestet worden war und meine Impfstoffe wieder stimmten, ging es mir besser und ich kam zurück in die Klinik nach Deutschland.

Wenn es mein Zustand zuließ, hatte ich während der ganzen Monate Gruppentherapie mitgemacht und viel dabei gelernt. Ein großes Problem blieb aber und das war, das ich rund um die Uhr Hunger hatte. Da nutzte auch die Erklärung meiner Ärztin, das mein Hunger nicht gestillt werden konnte, weil mein Körper die Nahrung, die ich aß, nicht verwerten konnte, nichts. Der Hunger blieb, vierundzwanzig Stunden am Tag.

An einem Wochenende ließ ich mich jetzt in meine Wohnung bringen, die ich mir inzwischen angemietet hatte, denn ich wollte sehen, ob ich alleine zurechtkam. Die Wohnung hatte ich inzwischen mit Rauhfasertapeten tapezieren und mit Kalk streichen lassen. Mit allen anderen Farben hatte ich erhebliche Probleme. Teppiche konnte ich auch nicht verlegen lassen, denn darauf reagierte ich stark.

So war der alte Parkettfußboden, der dringlich einer Überholung bedurft hätte, nackt. Möbel hatte ich noch keine. Ein kleiner Hocker und ein Stuhl standen im Wohnzimmer.

Zum Schlafen hatte ich mir eine Matratze in einem Bio-Laden gekauft. Auf die ich aber auch mit starken Schmerzen reagierte, was ich sofort bemerkt hatte, als ich die Wohnung betrat. Deshalb habe ich sie in Folie eingewickelt. Meine Bettdecke und mein Kopfkissen hatte meine Tochter schon ausgekocht. Die ganze Wohnung hatte sie gründlich gereinigt um alles zu entfernen, was mir Beschwerden machen konnte.

Die einzige Hilfe außerhalb der Klinik hatte ich während der ganzen Zeit von meiner Tochter. Ohne sie hätte ich vieles nicht geschafft.

So verbrachte ich mein erstes Wochenende in meiner Wohnung. Als ich mich in meiner Wohnung umsah, wurde mir klar, das ich noch einmal bei Null anfangen mußte.

Ich hatte erheblich Probleme, denn ich bekam starke Schmerzen, wenn mein Nachbar das Fernsehgerät einschaltete. Ich spürte diesen Moment sofort durch die Wand. Ich ging dann in den hinteren Raum meiner Wohnung, damit ich weiter von dem Gerät entfernt war. Sehr oft spritzte ich mir dann meine Impfstoffe, um meine Reaktionen zu vermindern. Denn nach dem Spritzen ging es mir etwas besser.

Ich ging dann bald in die Badewanne, was sehr erholsam war und danach ins Bett. Da ich immer fror, legte ich mir eine Wärmflasche in mein Bett.

Eine Gummiwärmflasche konnte ich nicht nehmen, denn der Geruch löste bei mir starke Schmerzen aus. Deshalb nahm ich eine Glasflasche und füllte dort heißes Wasser hinein. In ein Handtuch eingewickelt, erfüllte es den gleichen Zweck.

Bei offenem Fenster, schön warm eingepackt, schlief ich sogar ein paar Stunden. Es ging mir, wenn ich geschlafen hatte, besser. Ich glaube mein Immunsystem erholte sich im Schlaf, so daß ich insgesamt etwas stabiler war.

Für den nächsten Tag hatte ich mein Essen aus der Klinik mitbekommen, so war das Problem des Essen kochen gelöst.

Meine Tochter besuchte mich am Nachmittag und Abends mußte ich dann wieder in der Klinik sein.

Einige Wochen später wurde ich aus der Klinik entlassen, denn ich glaubte, das ich es jetzt alleine schaffen würde. Meine Tochter nahm mich in meiner Wohnung in Empfang und ich fing an zu planen.

Ich wollte mir jetzt ein neues Zuhause schaffen. Als erstes wollte ich mir ein Bett kaufen und Rattanmöbel für das Wohnzimmer sollten auch her.

Der Tagesablauf stand für mich ziemlich fest, denn ich mußte mich oft spritzen und an meine Diät mußte ich mich auch halten. Außerdem mußte ich meine Vitamine und Mineralien einnehmen und zusätzlich zweimal in der Woche in die Klinik fahren, um meine Infusionen zu bekommen.

Schon nach zwei Tagen fuhr ich mit meiner Tochter los, um Bett und Möbel zu kaufen. Den Laden, in dem ich die Rattanmöbel für das Wohnzimmer kaufte, überstand ich noch einigermaßen, aber das Geschäft, in dem ich ein Bett aussuchen wollte, war für mich unerträglich. Zu meinem Unglück wurde dort gerade renoviert. Handwerker waren dabei, den alten Teppichboden herauszureißen und es staubte und roch deshalb sehr stark.

Sofort stellte sich die mir bekannte Übelkeit ein. Ich mußte ständig würgen und die brennenden Schmerzen im Kopf und in den Därmen nahmen erschreckend schnell zu.

Auch die Gleichgewichts- und Sehstörungen verschlimmerten sich schlagartig.

So verließ ich unverrichteter Dinge das Geschäft. Mir ging es nach diesem Einkaufsbummel schrecklich schlecht und ich war froh als ich wieder zu Hause war, wo ich sofort meine Impfstoffe spritzte und damit eine Verbesserung erzielte. Meine Rattanmöbel kamen am nächsten Tag. Die Sitzkissen habe ich vorsichtshalber gleich gewaschen, denn sie rochen schrecklich.

Mit diesen Dingen hatte ich mich total übernommen und nach fünf Tagen war ich wieder in der Klinik.

Immer wieder beobachtete ich, das ich einen fast unstillbaren Durst bekam, wenn eine Verschlechterung bei mir eintrat. Mein Hunger nahm dann auch noch zu.

Mit Infusionen wurde ich in der Klinik wieder aufgebaut. Zum Glück vertrug ich die Infusionen inzwischen ganz gut. Ungern erinnere ich mich an die Zeit, in der ich auf die Infusionen mit den unterschiedlichsten Symptomen reagierte.

Eine der schrecklichsten Reaktionen war, das ich bei einer bestimmten Infusion einen Zustand wie in einem Delirium bekam. So, wie ich es aus Comic-Heften kannte, wenn man stark Betrunkene mit ihren Gedankenblasen zeigt, ging es mir dann. Durch meinen Kopf jagten die unterschiedlichsten Bilder.

Zum Glück war es nur mein inneres Bild. Wie in einem Film lief es ab. Es waren Dinge, die ich wirklich irgendwann gesehen hatte. Manches im Fernsehen und einiges in Natur. All dies wurde in solchen Momente abgerufen, ohne das ich es steuern konnte.

Wir konnten dann feststellen, bei welcher Infusion es geschah, so daß wir sie dann wegließen.

In Gesprächen, die ich in der Klinik mit meiner Ärztin führte, wurde mir wieder einmal klargemacht, das solche Unternehmen für mich nicht mehr in Frage kamen. Es war sehr schwer für mich, all dies zu akzeptieren, aber ich mußte es lernen.

Die Rattanmöbel mußten während meiner Abwesenheit wieder abgeholt werden, denn mir war jetzt klar, das ich keine neuen Möbel kaufen konnte, weil diese zu stark ausdünsten.

Als es mir wieder etwas besser ging und ich die Klinik für ein paar Stunden verlassen konnte, war ich oft an einem Teich in diesem Ort, der von einem kleinen Park umgeben war. Dort ging ich hin, um einmal alleine zu sein, um Ruhe zu finden. Immer wieder machte ich mir dann selber Mut, in dem ich mir sagte: Du schaffst es, du wirst wieder gesund.

Wenn ich die Enten und Gänse dort am Teich fütterte, habe ich sie beneidet und mir gewünscht, selber etwas von dem Brot, das sie von mir bekamen essen zu können. Denn mein Hunger war oft unerträglich.

Einen ganzen Nachmittag verbrachte ich in diesem Park, um meine neue Telefonnummer zu lernen, denn mir fiel es immer noch schwer, etwas zu behalten.

Eine lange Zeit mußte ich jetzt wieder mit Infusionen behandelt werden. Doch an dem Tag, an dem ich genau ein Jahr in dieser Klinik war, wurde ich jetzt erneut entlassen.

Ich hatte eine schlimme Zeit hinter mir und hoffte, daß es jetzt aufwärts gehen würde.

Die Tränen, die ich während des Jahres in der Klinik geweint hatte, würden, wenn ich sie aufgefangen hätte, sicher ein großes Gefäß füllen.

Ich hatte mich in der Klinik sehr sicher gefühlt, weil immer sofort Hilfe für mich da war, das war sehr beruhigend gewesen. Jetzt aber, wollte ich endlich wieder auf eigenen Füßen stehen.

* * *

Als ich nach Haue kam, hatte ich mir fest vorgenommen, mich so zu verhalten, das es zu keiner Verschlechterung kommen würde. Aus diesem Grund, kauften in der ersten Zeit meine Tochter und meine älteste Schwester, die von mir benötigten Lebensmittel ein. Der Bio-Laden ist weit von mir entfernt und ich wollte nicht wieder den Fehler machen, irgendwo auf dem Weg dorthin oder in dem Geschäft etwas mitzubekommen, wonach es mir wieder schlechter gehen würde.

Von meiner ältesten Schwester bekam ich jetzt einen alten Campingtisch und einen Stuhl dazu. Die Küche war eingerichtet, ich hatte sie so übernommen.

Nur einen Wasserfilter ließ ich anbringen, denn ich konnte das Wasser, so wie es aus der Leitung kam, nicht trinken, weil sich dann meine Beschwerden sofort verstärkten. Wegen der Holz- und eventuellen Behandlungsgerüche konnte ich mir keinen Kleiderschrank kaufen. Aus dem Grund besorgte ich mir einen Vorhang und hängte ihn, nachdem ich ihn einige Male gewaschen hatte, in den Flur an eine Stange.

Für meine Kleidung kaufte ich mir Wäschekörbe, die ich hinter diesem Vorhang stapelte.

Da ich so stark abgenommen hatte, paßte mir meine gesamte Kleidung nicht mehr. Ich schenkte alles einer Schwester von mir.

So mußte ich mir meine gesamte Garderobe neu anschaffen und dies war ein großes Problem für mich, denn ich konnte die Gerüche der neuen Kleidung nicht vertragen. Außerdem mußte ich darauf achten, das alles aus reiner Baumwolle war, denn alle synthetischen Stoffe verstärkten meine Empfindlichkeit gegenüber Elektrizität und Wolle konnte ich sowieso nicht vertragen.

Jedes Stück mußte ich einige Male waschen, bevor ich es anziehen konnte, denn die Gerüche waren oft schwer herauszubekommen.

Beim Bügeln band ich mir einen Mundschutz um, denn nicht nur der Strom des Bügeleisens brachte mir Beschwerden, sondern der Geruch der Wäsche beim bügeln, verstärkte diese noch. Das Bügelbrett mußte ich auch verändern, denn der bedruckte Bezug und der Schaumstoff darunter, bereiteten mir erheblich Probleme. Ich kaufte mir dicke Bettücher und nähte mir einen passenden Bezug hierfür. Mit einer Schnur, die ich durch den Saum zog, konnte ich ihn fest um das Bügelbrett spannen. Ein zweites Bettuch legte ich unter den Bezug, damit das Bügelbrett etwas besser gepolstert war.

Das ganze hatte auch einen Vorteil, denn ich konnte es jederzeit abnehmen und waschen.

Auch meine Schuhe mußten waschbar sein. Lederschuhe konnte ich gar nicht tragen. Später, ungefähr nach einem Jahr, als ich mich etwas stabilisiert hatte, stellte ich aber fest, das es mit Lederschuhen ging, wenn ich sie eine lange Zeit auf den Balkon in die Sonne stellte, bevor ich sie anzog. Mit einer langen Zeit meine ich ein paar Wochen.

Geputzt habe ich meine Schuhe, mit der Creme, die ich mir in der Apotheke als Körpercreme hatte anfertigen lassen.

Denn herkömmliche Pflegemittel kann ich nicht benutzen. Ein Duschmittel,das ich vertrage, dient gleichzeitig zum Haare waschen und zum Waschen einiger Kleidungsstücke.

Eine flüssige Seifengrundlage, die absolut geruchsneutral ist, kaufte ich mir in einem Hobbythek-Laden. Diese benutze ich, um mein Geschirr zu spülen und gleichzeitig für alle Putzarbeiten in meiner Wohnung.

Den Hobbythek-Laden kann ich wegen der vielen Gerüche leider selber nicht betreten. Ich spreche Kunden, die in den Laden gehen an und bitte diese, mir das benötigte heraus zureichen. Bis jetzt waren alle sehr freundliche und es hat immer gut geklappt.

All diese Dinge entdeckte ich erst, nachdem ich viele Sorten ausprobiert hatte, die ich dann aber nicht vertrug.

Das ausprobieren der unterschiedlichsten Dinge kostet nicht nur viel Geld, sondern bringt meistens auch eine Verschlechterung mit sich, weil es immer wieder Symptome hervorruft.

Um Krümel oder Fussel aufzusaugen, kaufte ich mir einen kleinen Akku-Sauger, denn einen Staubsauger konnte ich nicht einschalten, weil meine Schmerzen dann stark zunahmen. Ansonsten wurde bei mir nur mit klarem Wasser gewischt.

Als Beleuchtung hatte ich kleine Wohnwagenlampen, in denen zwei kleine Batterien waren, denn jede Glühbirne, die ich einschaltete, machte mir starke Schmerzen. Nachts schaltete ich den gesamten Strom in der Wohnung ab.

Es ist am Hauptschalter für meine Wohnung möglich, dadurch konnte ich besser schlafen.

Außerdem schaffte ich mir ein Telefon mit Raumsprechanlage an, damit ich den Telefonhörer nicht mehr an mein Ohr halten mußte. Ich bekam trotzdem Schmerzen beim telefonieren, aber es war erträglicher.

Von den Personen, die ich im Notfall schnell erreichen mußte, speicherte ich die Telefonnummern ein, so daß ich nur eine Zahl drücken mußte, wenn ich jemand benötigte. Es zeigte sich dann auch schnell, daß es wichtig war, denn ich brauchte manchmal schnell Hilfe.

Ich fing jetzt oft an zu experimentieren, um mir Erleichterung zu verschaffen. Wenn meine Nachbarn das Fernsehgerät einschalteten, setzte ich mir eine Kunststoffschüssel auf den Kopf, die ich von außen mit Alufolie bezogen hatte. Ich stellte die Füße dann auch in eine Schüssel mit warmem Wasser. Die Schmerzen im Kopf waren dadurch etwas geringer.

Ich stellte auch fest, das ich, wenn ich barfuß in der Wohnung lief, etwas weniger auf Strom reagierte.

In der Zeit, in der im ganzen Haus die meisten Elektrogeräte eingeschaltet waren, was ich an meinen Schmerzen merken konnte, ging ich spazieren. So machte ich es auch, wenn meine Waschmaschine lief.

Da ich nur abgekochtes Wasser trinken konnte, hatte ich mir einen Wasserkocher gekauft. Stellte aber fest, daß ich Schmerzen bekam, wenn ich das Wasser aus dem Kocher trank. Ich denke, daß ich die Metallspirale, die in dem Kocher war, nicht vertragen konnte. Deshalb kaufte ich mir jetzt Porzellankochtöpfe, um das Wasser abzukochen. Das Wasser bekam mir so viel besser. Mein Essen kochte ich sofort, nachdem ich aus dem Krankenhaus entlassen war, in Glastöpfen. Vorher hatte ich immer Metalltöpfe benutzt.

Da ich wußte, daß man durch Bewegung in der frischen Luft mehr Sauerstoff in das Blut befördern kann und daß man durch sauerstoffangereichertes Blut besser entgiftet, kaufte ich mir ein Trimmrad und stellte es auf den Balkon.

Anfangs schaffte ich es nur eine Minute darauf zu fahren. Langsam konnte ich die Zeit dann steigern, bis ich dann jeden Morgen einige Kilometer auf dem Trimmrad fuhr.

Mit Sicherheit hat auch das zu meiner Entgiftung beigetragen. Außerdem kaufte ich mir ein Buch, in dem eine bestimmte Gymnastik beschrieben wurde. Nach dieser Anleitung machte ich jetzt jeden Tag meine Übungen, um meinen Körper wieder aufzubauen.

Obwohl ich sehr vorsichtig war und nichts riskierte, ging es mir oft so schlecht, das ich stundenlang in der Badewanne im heißen Wasser saß und vor Schmerzen weinte. Denn es ist mir nicht möglich, allen Schadstoffen, die mir Probleme machen, aus dem Weg zu gehen, dann müßte ich mich sicher in einen Glaskasten setzten.

Ich hatte aber festgestellt, das mir heißes Wasser bei starken

Schmerzen und Krämpfen half. Ich spritzte jetzt immer gleich meine Impfstoffe und ging dann in die Badewanne.

Außerdem machte ich jeden Abend ein Schwitzbad in der Wanne, denn in eine öffentliche Sauna, konnte ich wegen der Gerüche dort nicht gehen. Indem ich immer wieder heißes Wasser nachlaufen ließ, schwitzte ich genau wie in der Sauna. Inzwischen ließ ich etwas Wasser ablaufen, damit ich nicht zu tief im Wasser saß, denn schwitzten kann man nur da, wo kein Wasser ist. Bald stellte ich fest, daß ich noch stärker schwitzte, wenn ich meine Füße kräftig massierte, während ich in dem heißen Wasser saß.

Ich ging auch oft im Wald spazieren, denn ich hatte bemerkt, das mein Gesamtzustand besser wurde, wenn ich von den Wohngebieten wegkam. Aber nicht überall im Wald war es gut für mich, denn ich reagierte auch auf Erdstrahlen und Wasseradern.

Wasseradern fand ich ohne Hilfsmittel. Es zog so stark an mir, das meine Beine hin und her bewegt wurden. Da ich die Unterschiede deutlich an meinen Schmerzen spürte, suchte ich mir Plätze, an denen es mir besser ging, wo ich mich dann erholen konnte.

Über diese Dinge habe ich auch viel in der Klinik gelernt, denn ein Physiker stand dort zur Verfügung, um mich und andere Patienten zu beraten.

Nach einem Gespräch mit diesem Physiker wußte ich auch, warum ich, wenn ich auf dem Fußweg ging, mehr Schmerzen hatte, als wenn ich auf der Straße ging. Es waren die Stromkabel und andere Leitungen, die in den Fußwegen verlegt waren.

Da ich gerne einmal Nachrichten oder Musik hören wollte und ich meine Anlage nicht einschalten konnte, weil sie mir erhebliche Schmerzen verursachte, kaufte ich mir ein Kofferradio mit Batterien. Das stellte ich in den hintersten Raum meiner Wohnung, damit es weit von mir entfernt stand. So konnte ich es besser ertragen.

Noch besser ging es, wenn ich in der Badewanne saß. Ich denke, daß der Grund hierfür das Wasser und die geerdete Badewanne sind. Denn beides leitet Strom bekanntlich ab.

Mir fiel auch auf, daß ich weniger auf Strom reagierte, wenn ich meine Haare fest zusammenband. Ich denke, daß sie sich, wenn ich sie offen trage, stärker aufladen und daß sich meine Schmerzen dadurch verstärken.

Für meine Wohnung kaufte ich mir einen Raumfilter, den ich einschaltete, wenn ich bemerkte, daß Pollen oder Schadstoffe mir Probleme machten. Aber auch das ging nur, solange ich nicht in der Wohnung war. So mußte ich mir immer etwas einfallen lassen um zurecht zu kommen.

Ganz wichtig war es auch für mich, zu lernen, keine Angst mehr vor meinen Symptomen zu haben. Denn wenn die Angst dazu kam, verschlimmerten sich meine Symptome erheblich. Ich habe daran gearbeitet und mir immer wieder gesagt, das ich mit Angst und Panik nichts an den Dingen, die ich habe oder die noch kommen können, ändern kann, sondern das Ganze eher verschlimmert.

Als ich das begriffen hatte und mir klar war, das es besser war die Probleme gelassener hinzunehmen, konnte ich besser mit meinen Symptomen umgehen. Oft gelang es mir durch die Ruhe, die ich dann hatte, alles wieder schneller in den Griff zu bekommen.

* * *

Einen Anwalt hatte ich inzwischen auch damit beauftragt, mein Geld für die Kosten, die ich in der Klinik in England gehabt hatte, einzutreiben. Beim ersten Versuch meines Anwalts, lehnte die Krankenkasse die Erstattung wieder ab.

Ich war inzwischen dreimal in der Klinik in England gewesen und wollte mein Geld unbedingt wiederhaben. Mein Anwalt legte Widerspruch ein und zu dieser Widerspruchsverhandlung wurde ich eingeladen.

Auch jetzt hatte ich wieder Hilfe von einem Arzt aus der Klinik, in der ich ein Jahr in stationärer Behandlung gewesen war und auch immer noch zweimal in der Woche hinfuhr, um Infusionen zu bekommen.

Als ich damals in die Klinik kam, mißfiel mir dort einiges, aber ich habe dort begriffen, das es nicht nur auf die Äußerlichkeiten ankommt, sondern auf die Menschen, denen man dort begegnet.

In allen anderen Kliniken, in denen ich gewesen war, war die Ausstattung besser gewesen, aber das Wichtigste hatte dort gefehlt und das war die Menschlichkeit, die mir in dieser Klinik so geholfen hat, mit allen meinen Problemen fertig zu werden.

Ein Arzt aus dieser Klinik ging mit mir zu dieser Widerspruchsverhandlung und ich erzählte dort meine lange Krankengeschichte, die von dem Arzt, der mich begleitete, bestätigt wurde. Ich konnte deutlich machen, wieviel Geld die Krankenkasse für mich ausgegeben hatte, ohne das es mir Hilfe brachte und das jetzt endlich durch diese Behandlung Besserung eingetreten war. Auch das konnte mein Arzt bestätigen, denn er hatte erlebt, wie lebensbedrohlich mein Zustand gewesen war. Kurze Zeit später bekam ich von meiner Krankenkasse die Nachricht, das mir meine Unkosten, die ich gehabt hatte, erstattet werden würden. Als ich das vierte Mal nach England in die Klinik mußte, rechnete die Krankenkasse gleich selber mit der Klinik ab.

Inzwischen wurde an der Klinik in Deutschland, in der ich behandelt werde, eine Umweltabteilung eingerichtet.

Der Oberarzt, eine Ärztin und eine Krankenschwester flogen in die Klinik nach England, wo auch der Chefarzt schon einige Male gewesen war. Sie erweiterten ihr Wissen über Umwelterkrankungen und Unverträglichkeiten. Auch das Austesten eigneten sie sich dort an. Eine weitere Ärztin, eine Ernährungswissenschaftlerin und einige Krankenschwestern wurden zusätzlich eingestellt. Auch eine Diätassistentin wurde eingestellt, die die Ernährungspläne zusammenstellte.

Alle gemeinsam behandeln sie jetzt, unter Anleitung des Chefarztes, Umweltkranke. Auch die Austestungen werden jetzt in dieser Klinik vorgenommen, so daß ich nicht mehr in die Klinik nach England muß.

Ich bin glücklich, das diese Austestungen jetzt in der Klinik in Deutschland gemacht werden können, denn dadurch kann man vielen Erkrankten, genau wie mir, helfen.

Ich bin davon überzeugt, das ich ohne die Hilfe in dieser Klinik, sowie das Austesten und der Impfstoffe, die danach für mich hergestellt wurden, heute nicht mehr am Leben wäre. Das Team dieser Klinik leistet hier Pionierarbeit, der man gar nicht genug Lob aussprechen kann und ich werde mein Leben lang für die Hilfe, die ich dort bekommen habe, dankbar sein.

* * *

Von einer Ärztin in meinem jetzigen Wohnort, bekomme ich meine Rezepte und Überweisungen. Als ich wieder einmal ein Rezept benötigte, hatte meine Ärztin eine Vertretung, weil sie selber in Urlaub war. Diese Vertretung wollte mir kein Rezept für ein Medikament, das ich regelmäßig nehmen muß, ausstellen, ohne das sie mich gesehen hatte. So mußte ich in die Praxis, wo ein Computer stand und alle Räume mit Teppichen ausgelegt waren. Was mir schreckliche Beschwerden machte.

Als ich dann in das Sprechzimmer kam, erzählte ich der vertretenden Ärztin, von meinen Schmerzen und Problemen in der Praxis. Ich war nur ein paar Minuten bei ihr, denn durch das Parfum, das sie benutzte, ging es mir noch schlechter. Mein Rezept hatte sie mir aber ausgestellt.

Kurze Zeit später benötigte ich eine Überweisung für die Klinik, in der ich immer noch in Behandlung war. Die Überweisung wurde mir zugeschickt und die Diagnose auf der Überweisung verschlug mir die Sprache.

Es stand eine psychische Erkrankung als Diagnose auf der Überweisung, mit der ich in eine Psychiatrie und nicht in eine Umweltklinik gehört hätte. Es wollte kein Ende damit nehmen, das man mir die unterschiedlichsten Diagnosen stellte. Obwohl ich genau gesagt hatte, an was für einer Erkrankung ich leide und sogar schriftliche Befunde meiner Unverträglichkeiten mit dabei hatte.

Ich rief sofort in der Praxis meiner Ärztin an. Mit vielen Ausreden wollte man mir klarmachen, das diese Diagnose aus Versehen auf die Überweisung gekommen war. Mir war aber klar, das ein Computer nur das ausdruckt, was eingegeben wurde und dies sagte ich meiner Ärztin, die jetzt wieder zurück war, auch.

Später stellte sich dann heraus, das die vertretende Ärztin diese Diagnose gestellt und eingegeben hatte. Außerdem hatte sie in der Klinik angerufen, um die Ärzte dort über meinen Zustand aufzuklären. Sie war der Meinung, das sie in den paar Minuten mehr über mich wußte, als die Ärzte in der Klinik, in der ich ein ganzes Jahr in stationärer Behandlung gewesen war. Nicht einmal nach dem aufklärenden Gespräch hat sie es für nötig befunden, die Diagnose zu löschen.

Es schockiert mich immer wieder, wie ausgeliefert der Patient seinem Arzt ist. Am schlimmsten aber ist, das diese Fehldiagnose einen ein ganzes Leben lang verfolgen, denn nicht immer hat man das Glück das man es bemerkt, um sich dann dagegen zu wehren. Oft gelangen sie unbemerkt von Arzt zu Arzt und somit bei der Abrechnung auch zur Krankenkasse. Die einem dann wieder Probleme macht, wenn man etwas wegen der tatsächlichen Erkrankung benötigt.

Nach einem längeren Gespräch mit meiner Ärztin, in dem sie sich für das Verhalten ihrer Vertretung entschuldigte, wurde dann aber alles geklärt und ich habe nach diesem Vorfall eine verständnisvolle Ärztin.

* * *

Die Scheidung hatte ich inzwischen auch eingereicht. Aus diesem Grund gab es jetzt viele Dinge, die geregelt werden mußten. Da mein Mann nicht wollte, das meine Tochter das Haus, das uns gemeinsam gehört, bekam, mußte es verkauft werden. Es fiel mir sehr schwer das Haus zu verkaufen, denn es hatte viel Kraft und Verzicht gekostet, es zu bauen und zu finanzieren. Es gab aber keine andere Möglichkeit, die für mich akzeptabel gewesen wäre und so leitete ich den Verkauf des Hauses ein, auch wenn mir bei dem Gedanken, das es in fremde Hände kam, das Herz blutete.

Meine Tochter hatte sich schon länger um eine größere Wohnung bemüht, denn für fünf Personen war es inzwischen in der Wohnung die sie bewohnte, etwas zu eng geworden. So fiel es mir nicht ganz so schwer, das sie mit ihrer Familie ausziehen mußte.

Es dauerte nicht lange und das Haus war verkauft. Die Hypothek, die noch auf dem Haus war, wurde abgelöst und der Rest wurde zu gleichen Teilen auf meinen Mann und mich verteilt. Die Wohnung, in der ich zu der Zeit wohnte, gefiel mir gut und vor allen Dingen, konnte ich dort gesundheitlich einigermaßen zurecht kommen, deshalb kaufte ich sie jetzt, denn ich wollte mein Geld gut anlegen.

Das Weihnachtsfest und Silvester verbrachte ich in diesem Jahr zum ersten Mal alleine. Meine Tochter kam mit ihrer Familie am späten nachmittag und wir machten Bescherung für die Kinder. Gegen Abend fuhren sie dann wieder nach Hause. Abends rief dann noch mein Sohn bei mir an.

Als die Weihnachtstage dann vorüber waren, stellte ich fest, das ich schon viel schlechtere Weihnachtsfeste erlebt hatte, denn in meinem ganzen bisherigen Leben hatte ich noch nie so viele Weihnachts- und Neujahrsgrüße bekommen. Außerdem hatten viele bei mir angerufen.

Es war ein schönes Gefühl, das Bekannte und neue Freunde, die wußten, das ich zu den Festtagen alleine war, an mich dachten. Anfangs konnte ich gar nicht fassen, das sich Menschen um mich sorgten und bemühten, denn das war ich in all den Jahren meiner Ehe nicht gewohnt gewesen. Deshalb war ich erst sehr mißtrauisch und mußte mich daran gewöhnen.

Am Silvesterabend habe ich Bilanz gezogen und mir wurde klar, das es trotz meiner Erkrankung noch viele schöne Dinge für mich geben würde. Dinge, die ich schon lange gerne machen wollte.

So schlimm diese Erkrankung auch ist, sie gab mir die Chance mein Leben neu zu gestalten und dies wollte ich jetzt in Angriff nehmen.

Zum Jahreswechsel 1995 wurden in unserer Straße viele Raketen angezündet und da ich im dritten Stock wohne, explodierten die meisten in Höhe meiner Wohnung. So kam ich mit einem wunderschönen Feuerwerk in das neue Jahr. Zufrieden und mit vielen Plänen für die Zukunft ging ich schlafen.

* * *

Jetzt wollte ich mir meine Wohnung etwas gemütlicher einrichten, aber das war ein großes Problem, denn ich wußte nicht womit. So kaufte ich mir erst einmal Gartenmöbel aus Kunststoff und ein paar Kunststoffregale. Es sah ganz nett aus und ich hoffte, das es gehen würde. Bald stellte ich aber fest, das es nicht das richtige war, denn ich hatte das Gefühl, das ich, wenn ich darauf saß, noch aufgeladener war und meine Schmerzen dadurch zunahmen. Also mußte ich das wieder ändern.

Jetzt machte ich mich auf die Suche nach alten Möbeln, die aber nicht nachbehandelt sein durften und vor allen Dingen, durften sie nicht gegen Holzwürmer behandelt sein. Tisch und Stühle bekam ich von einer meiner Schwestern. Sie hatte diese auch geschenkt bekommen und konnte sie nicht gebrauchen. Der Tisch war schrecklich verkratzt, aber ich war inzwischen mit wenig zufrieden.

Ich legte eine schöne Tischdecke darauf, die ich mit Kartoffelmehl gestärkt hatte, denn herkömmliche Wäschestärke machte mir große Probleme und so sah der Tisch viel netter aus.

In einer Zeitung wurde ein Schrank angeboten und da ich einen suchte, fuhr ich hin und sah ihn mir an. Er stand auf dem Dachboden, wo es eiskalt war. Die Besitzerin sagte mir, das der Schrank sehr alt sei und nie nachbehandelt worden wäre.

Da ich auf dem kalten Dachboden auch nichts roch, kaufte ich diesen Schrank. Er wurde mir von der Besitzerin sofort gebracht. Als er jedoch in meiner Wohnung stand und warm wurde, entwickelte sich ein beißender Geruch der mir erhebliche Probleme machte.

Ich bemerkte, das die Besitzerin mich belogen hatte, denn er war doch nachbehandelt worden, was sich feststellen ließ. Mir ging es von dem Geruch so schlecht, das ich in die Klinik zur Behandlung mußte.

Der Schrank wurde weggebracht und ich ließ mein Geld, da die Besitzerin es mir nicht freiwillig wiedergeben wollte, durch eine Anwältin einziehen. So bekam ich mein Geld wieder und hatte einiges dazu gelernt.

Nie wieder würde ich Möbel kaufen, die irgendwo in kalten und schlecht beleuchteten Räumen stehen, denn damit ist bestimmt etwas nicht in Ordnung.

Jetzt wollte ich alte Möbel nur von Menschen haben, die ich kannte und denen ich vertrauen konnte.

Mir fiel ein, das bei meiner Mutter ein kleiner runder Tisch stand, den sie nicht mehr gebrauchte. Ich sagte es einer meiner Schwestern, weil die sich zu der Zeit um meine Mutter kümmerte, was sie sich gut entlohnen ließ.

Meine Schwester konnte sich aber nicht an einen Tisch dieser Art erinnern. Sie wollte aber nachsehen und ihn mir dann mitbringen.

Ich hörte lange nichts von ihr, aber zu meinem Geburtstag brachte sie mir einen kleinen Tisch mit. Ich sah aber sofort, das es nicht der Tisch unserer Mutter war. In dem Moment sagte meine Schwester aber auch schon, das der Tisch unserer Mutter so schöne geschwungene Beine gehabt hätte und das sie den deshalb genommen hatte. Ich bekam einen Tisch, den meine Schwester einmal von ihren Sommergästen geschenkt bekommen hatte.

Sie war es von klein auf immer gewohnt gewesen, das sie das bessere bekam und so machte sie es jetzt auch weiter.

Kurze Zeit später starb die Nachbarin meiner Mutter und die Tochter, die ich von Kindheit an kannte, ließ mir durch meine Schwester ausrichten, das ich von ihr alte Möbel haben könnte. Ich freute mich sehr, denn da wußte ich, das sie nicht nachbehandelt worden waren.

Ich bekam ein Schlafzimmer und einen kleinen Schrank für das Wohnzimmer, obwohl ich dabei sagen muß, das diese Möbel sonst in den Sperrmüll gekommen wären. Ich freute mich aber sehr darüber.

Aus den Ehebetten ließ ich mir ein Bett passend zu meiner Matratze bauen. So hatte ich endlich ein schönes Bett. Ganz besonders freute ich mich auf einen Schrank für das Wohnzimmer, der mir für einen späteren Zeitpunkt zugesagt wurde. Er war noch nicht leergeräumt und deshalb sollte ich ihn erst dann erhalten, wenn dies geschehen war. So plante ich diesen Schrank fest ein und freute mich sehr darauf.

Meine Haare wollte ich auch gerne einmal schneiden lassen, konnte aber in einen Friseurladen, wegen der Gerüche dort, nicht gehen. So sprach ich mit der Chefin des Friseurgeschäftes in meiner Nähe und diese war bereit, mir die Haare draußen zu schneiden. Sie sah das Ganze locker und spaßig, was mich freute. Oft lachten die Leute, wenn sie uns sahen und meine Friseurin mir die Haare in der dicken Winterjacke schnitt. Bei einer komischen Bemerkung eines Vorbeigehenden sagte sie einmal ganz vergnügt, sie würde gerne draußen die Haare schneiden, dann muß sie hinterher nicht fegen.

Inzwischen mußte ich wieder in die Klinik zum nachtesten, was bei mir alle drei Monate nötig ist. Bei den vielen Klinikaufenthalten habe ich viele Leidensgefährten kennengelernt. Für alle ist es wichtig, sich mit gleichbetroffenen zu unterhalten, denn viele finden bei der Familie und bei Bekannten kein Verständnis für ihre Probleme.

Einige treffe ich beim nachtesten wieder und dadurch hat sich eine freundschaftliche Beziehung entwickelt. Das ist sehr wichtig für mich, denn ich muß über meine Probleme reden können, ohne belächelt zu werden.

Trotz der vielen Schmerzen und Probleme, habe ich inzwischen viele schöne gemeinsame Stunden mit einigen Mitpatienten verbracht. Ich halte es für wichtig, das Leid einmal zu vergessen, um etwas Spaß zu haben und um lachen zu können.

Da ich schon immer gerne einmal Englisch lernen wollte, nahm ich jetzt an einem Kurs teil. Es machte mir großen Spaß, aber ich mußte immer wieder nach Hause gehen, bevor die Stunde anfing, weil einige Teilnehmer starke Duftstoffe an sich hatten, die mir starke Schmerzen und andere Beschwerden machten.

Als ich wieder einmal nach Hause gehen mußte, weil ein starker Duftstoff mir zu schaffen machte, entschloß ich mich, nicht mehr an dem Kurs teilzunehmen. Nach einem Gespräch mit der Kursleiterin waren alle bereit auf ihre Duftstoffe zu verzichten, so daß ich weiterhin am Englischkurs teilnehmen konnte.

Das war die erste positive Erfahrung, die ich mit fremden Menschen bezüglich der Duftstoffe, gemacht habe. Es machte mich glücklich und ließ mich hoffen, das es doch einen Weg gab, um nicht auf alles verzichten zu müssen.

Ich machte überall darauf aufmerksam, wie gesundheitsschädigend einige Stoffe sind. Obwohl sie alle sahen, was mit mir passierte, machten alle wie gewohnt weiter.

Selbst Dinge, von denen ich erzählt hatte, wie krank sie mich gemacht hatten, wurden weiterhin benutzt. Sie waren der Meinung, das ihnen so etwas nicht passieren konnte.

Wieviel klüger waren früher die Bergleute gewesen. Die Menschen haben verlernt auf ihren Körper zu hören, wie auch ich es verlernt hatte. Denn wenn ich auf meinen Körper gehört hätte, hätte ich mich schon viel früher von vielen Dingen getrennt.

Unter anderem auch von meinem Mann, denn ich fühlte mich schon lange unwohl in seiner Nähe.

* * *

Meine Mutter war inzwischen schwer krank geworden. Ich hatte sie, seitdem ich in die Klinik gekommen war, nicht gesehen und wollte unbedingt zu ihr ins Krankenhaus. Meine Tochter fuhr mit mir hin, wo ich aber wegen der vielen Gerüche erhebliche Probleme hatte. Meine Mutter war kaum wiederzuerkennen, so schlecht sah sie aus. Mich erkannte meine Mutter gar nicht, denn auch ich hatte mich, dadurch das ich stark abgenommen hatte, sehr verändert. Sie konnte sich nicht an mich erinnern.

Lange konnte ich nicht bei ihr bleiben, denn meine Beschwerden nahmen stark zu. Trotzdem war ich froh, dagewesen zu sein, denn ich gebrauchte diesen Besuch bei ihr für meinen inneren Frieden.

Da sich ihr Zustand sehr verschlechterte, mußte sie in ein Pflegeheim, wo ich sie dann regelmäßig besuchte.

Ich fütterte sie dann und fragte sie, ob sie wüßte, wer dies täte. Aber sie erkannte mich nicht. Einige Zeit später, als ich wieder bei ihr war, erkannte sie mich dann endlich und ich freute mich sehr darüber. Denn so hatte ich das Gefühl, das sie mich doch nicht vergessen hatte.

Während der Wochen an ihrem Bett, habe ich mich mit meiner Mutter ausgesöhnt, denn ich wollte meinen Frieden haben und auch sie sollte ihren Frieden haben. Einige Zeit später starb sie.

Obwohl sie ein hohes Alter erreicht hatte und ihr Zustand für sie unerträglich war, kam es für mich überraschend. Ich hatte, als ich sie am Tag zuvor besuchte, einfach nicht damit gerechnet, denn sie sah an diesem Tag zum erstenmal ruhig und entspannt aus, was mich freute. Heute weiß ich, das mich dieser Zustand hätte stutzig machen sollen.

Alles was für die Beerdigung zu erledigen war, wurde von uns Geschwistern, die in der Nähe wohnten, erledigt.

Die Beerdigung verlief so, wie meine Mutter es sich gewünscht hätte. Die vielen bunten Blumen brachten Farbe in diesen traurigen Tag.

Zwei Tage nach dem meine Mutter begraben worden war, wurde ich, auf meinen Wunsch hin, geschieden. Ich wollte klare Verhältnisse für mich schaffen und war froh, das es jetzt endlich so weit war.

Wenn ich geglaubt hatte, das sich in den sechsunddreißig Jahren meiner Ehe etwas daran geändert hatte, wem die Leute die Schuld an einer gescheiterten Ehe geben würden, hatte ich mich geirrt. Denn natürlich hatte ich die Schuld. Keiner in unserem Dorf kannte unsere Ehe, aber alle maßten sich an, ein Urteil zu fällen.

Gerade die Frauen, obwohl man doch annehmen sollte, das im Zeitalter der Emanzipation der Frauen, von ihnen etwas mehr Verständnis zu erwarten sein müßte, die waren am schlimmsten. Ich denke, das es bei einigen Frauen nur reiner Neid war, weil ich den Mut hatte, diesen Schritt zu machen. Andere wollten mit dieser Reaktion sicher nur von ihren eigenen Problemen ablenken und viele Frauen sind sicher auch stolz auf sich selbst, weil sie tapfer in ihrer Ehe aushalten. Während ich nicht mehr bereit war, das in meiner Ehe geschehene, zu ertragen.

Wahrscheinlich verurteilen sie mich aus diesem Grund, was mir zum Glück aber nichts mehr anhaben kann, denn ich habe meinen inneren Frieden gefunden.

Ich war jedenfalls froh, das alles so schnell erledigt war.

Mein jetzt geschiedener Mann hatte sich aber schon etwas neues ausgedacht, um mir das Leben schwer zu machen. Er wollte nicht bezahlen und da seine Firma in den Konkurs ging, fand er auch eine Möglichkeit dazu.

Die Firma lief unter einem anderen Namen weiter und man bot ihm auch Arbeit an, die er aber ablehnte. So ging er stempeln und damit hatte er erreicht, was er wollte, denn für mich gab es kein Stempelgeld.

Ich mußte mich jetzt an das Sozialamt wenden. Die wollten aber auch nicht bezahlen, weil sie der Meinung waren, das ich mich, indem ich mir meine kleine Wohnung gekauft hatte, bereichert hätte.

Sie meinten, ich sollte meine Wohnung vermieten und mir dann ein kleines Zimmer nehmen um somit von der Differenz leben zu können. Als ich sie darauf hinwies, das ich dies schon aus gesundheitlichen Gründen gar nicht könnte, weil meine Wohnung wegen meiner Erkrankung besonders ausgestattet war und so als behindertengerecht galt, den Ausweis hatte ich meinem Antrag beigelegt, schickten sie einen Sozialarbeiter zu mir, dem ich etwas vorturnen mußte.

Er wollte sehen, ob ich alleine in die Badewanne komme und auch, ob ich wieder herauskam.

Dann mußte ich ihm vorführen, ob ich ohne Haltestangen alleine von der Toilette hochkam. Des weiteren wunderte er sich, das aus dem Treppenhaus in meine Wohnung eine Schwelle war. Er stellte dann aber fest, das diese sich leicht entfernen ließ und das beruhigte ihn.

Um was es hier wirklich in meiner Wohnung ging, hatte er nicht begriffen, denn von einer Netzfreischaltung und von Chemikalienunverträglichkeiten hatte er noch nichts gehört. Als ich das überstanden hatte, forderte man mich auf, mich einer Stadtärztin vorzustellen, um die schwere meiner Erkrankung festzustellen, obwohl ihnen die Bescheinigung meiner 100 %igen Erwerbsunfähigkeit vorlag.

Es dauerte Monate, bis ich dann endlich Geld bekam.

Gleichzeitig machte das Sozialamt meinem Sohn das Leben schwer. Er sollte Unterhalt für mich bezahlen. Mein geschiedener Mann war angeblich zahlungsunfähig.

Kurz nachdem das Sozialamt dem Anwalt meines Sohnes die Zahlungsunfähigkeit meines geschiedenen Mannes mitteilte, kaufte dieser sich einen Neuwagen. Wie das möglich ist, wenn jemand zahlungsunfähig ist, war uns ein Rätsel.

Zum Glück wird mein geschiedener Mann jetzt Rentner und so bekomme ich, die während meiner Ehe erworbenen Rentenanteile, monatlich zu meiner Erwerbsunfähigkeitsrente ausgezahlt. Ich hoffe, das sich das Problem damit löst und mein Sohn und ich Ruhe vor diesem Streitigkeiten haben.

Den Inhalt des Testamentes, das meine Mutter gemacht hatte, kannte ich schon lange. Auch andere Geschwister wußten davon. Trotzdem brodelte es in unserer Familie.

Den Schmuck, den meine Mutter besaß, hatte sie schon zu Lebzeiten unter ein paar Schwestern von mir aufgeteilt. Ich kannte jedes Stück und weiß daher, wer was bekommen hat.

Mir hat sie nichts davon gegeben. Ich denke aber, das ich etwas viel wichtigeres von meiner Mutter mitbekommen habe. Die Kraft zum Kämpfen um weiterzumachen. Aber auch das mußte ich erst begreifen, denn es gab Zeiten, in denen ich glaubte, nicht einmal mehr genug Kraft zum Atmen zu haben.

Nachdem das Testament eröffnet worden war, hatte ich die Erlaubnis noch einmal in mein Elternhaus zu gehen. Ich wollte mich verabschieden und ein Andenken mitnehmen, was mit der Erbin abgesprochen war. Eine Blumenvase, die ich meiner Mutter zum fünfundsiebzigsten Geburtstag geschenkt hatte, sollte mein Erinnerungsstück sein.

Ich glaubte meinen Augen nicht zu trauen, als ich in die Wohnung von meiner Mutter kam. Nichts war so, wie ich es zuletzt gesehen hatte. Dinge, die meine Mutter immer gehabt hatte, waren weg.

Selbst der alte Küchenschrank war nicht mehr da. Und sogar die alte Kaffeedose, die meine Mutter immer gehabt hatte, war verschwunden.

Den Kaffee hatte man in eine Glasschüssel geschüttet und so stehen lassen.

Etwas aber stand da in einem Glas, das mich sehr an meine Mutter erinnerte.

Als ich die künstlichen Zähne erblickte, sah ich im Geiste das feuerrote und angeschwollene Gesicht von meiner Mutter, das sie jedesmal bekam, wenn sie versuchte die Zähne zu tragen.

Zum Glück war meine Mutter so klug, auf ihren Körper zu hören und nicht auf den Zahnarzt, so daß sie die Zähne immer wieder herausnahm. Danach ging es ihr wieder besser.

Genauso machte meine Mutter es mit ihrer Kleidung und mit den Nahrungsmitteln. Alles was ihr nicht bekam, ließ sie weg.

Das habe ich im Innern immer an meiner Mutter bewundert, so zu leben, wie es ihr guttat, ohne sich etwas dabei zu denken, was Andere dazu sagen.

Ich glaube heute, das dies Verhalten das Geheimnis ihres hohen Alters war.

Trotz der Veränderungen suchte ich die ganze Wohnung nach dieser Blumenvase ab, die aber nirgends zu finden war.

Nachdem ich wieder zu Hause war, rief ich bei meiner Schwester an, um sie zu fragen, wo die Vase sei, denn sie war immer bei meiner Mutter gewesen um sie zu versorgen. Meine Schwester konnte sich aber nicht an eine Blumenvase, wie ich sie ihr beschrieb, erinnern.

Kurze Zeit später brachte mir diese Schwester mit ihrem Mann noch ein Möbelstück von der Nachbarin meiner Mutter. Ich freute mich und sagte, wenn ich alles fertig habe, werde ich die Bekannte zum Kaffee einladen, damit sie sieht, wie schön ich mir alles zurechtgemacht habe.

Denn die ganzen alten Möbel die ich habe, reibe ich mit Speiseöl, von dem ich weiß, das ich es essen kann, ein, so gehe ich sicher, das ich keine Probleme bekomme und die Möbel sehen dadurch frisch und gepflegt aus.

Meine Schwester sagte aber daraufhin zu mir, das ich den Schrank auf den ich warte nicht bekomme, den sollte jetzt die Tochter meiner Schwester haben.

Ich dachte, ich höre nicht richtig, denn der Schrank gehörte im Grunde genommen schon mir. Ich war entsetzt darüber, wie wenig meine Schwester, von dem was ich ihr erzählt hatte, begriffen hatte. Denn wenn sie etwas begriffen hätte, hätte sie wissen müssen, wie schwer es für mich war, Möbel zu bekommen, die ich dann auch vertrug.

Wieder einmal mußte ich erkennen, wie wenig Rücksicht man auf meine Probleme nahm. Wenn das schon in der eigenen Familie so war, wie sollte es mir dann noch mit fremden Menschen ergehen.

Aber ich denke auch, das dieser Schrank wieder zu gut für mich war.

Ich war so enttäuscht, daß ich die ganze Nacht nicht schlief. Am nächsten Morgen rief ich die Tochter meiner Schwester an, um ihr zu sagen, das ich dies nicht in Ordnung fände. Denn sie hatte diese Erkrankung nicht und konnte sich überall Möbel kaufen.

Sie aber meinte, das es eine Frechheit wäre, mich darüber zu beschweren und knallte den Telefonhörer auf.

An dem Abend, als mir das Möbelstück gebracht wurde, sprach meine Schwester mich auch noch einmal auf die Blumenvase an. Sie wollte noch einmal wissen, wie diese ausgesehen hatte.

Ich erzählte ihr es noch einmal genau, obwohl ich inzwischen wußte, das diese Vase bei meiner Schwester im Wohnzimmer stand.

Sie aber sagte wieder, das sie diese Vase nicht kannte und ihr Mann bestätigte es. Ich hatte meiner Schwester inzwischen verziehen, das sie mich das ganze Jahr in der Klinik nicht besucht hatte und freute mich, das der Kontakt wieder hergestellt war. Ich kann auf diese Dinge gut verzichten, weil es inzwischen wichtigeres für mich gibt. Aber die Art, wie man mit mir umging, entsetzte mich.

Wenn es Menschen, die mir nichts bedeuten gewesen wären, die mich so behandelt hätten, hätte ich mich sicher anders verhalten, aber so mußte ich mich schützen, denn so waren sie immer mit mir umgegangen und ich hatte es hingenommen, weil ich den Kontakt aufrechterhalten wollte. Jedesmal tat es mir schrecklich weh und warf mich zurück.

Inzwischen hatte ich gelernt, das ich andere Menschen nicht ändern kann und da ich nicht mehr bereit war, dies zu ertragen, stellte ich den Kontakt ein. Denn ich versuche jetzt, alles was mich belastet und meinen Gesamtzustand verschlechtert, zu ändern.

* * *

An meinen damaligen Zahnarzt hatte ich zweimal einen Brief geschrieben, indem ich ihm mitteilte, wie es mir, nachdem er mir mein Gebiß saniert hatte, ergangen war. Er reagierte nicht darauf, obwohl ich ihm im zweiten Brief geschrieben hatte, das ich mein Geld wiederhaben wollte, denn er hatte sich nicht an das gehalten, was abgesprochen gewesen war.

Ich hatte, nachdem die Zähne, die er mir eingesetzt hatte, entfernt worden waren, einen Teil der Metalle in ein Labor zur Analyse geschickt. Das Ergebnis zeigte mir, das Anteile im Metall waren, die ich auf gar keinen Fall haben wollte und das wollte ich so nicht hinnehmen, denn ich hatte dies mit ihm so besprochen.

Nachdem ich eine Zeit gewartet hatte, beauftragte ich einen Anwalt damit, das Geld einzutreiben. Auch so war der Zahnarzt nicht bereit, das Geld zurückzuzahlen und so kam es zur Klage. Die erste Verhandlung vor Gericht verlief gut für mich, was aber noch nichts heißt, denn der Zahnarzt bemüht sich sehr die Tatsachen zu verdrehen. Ein Zahnarzt, den ich mir inzwischen empfehlen ließ, bemühte sich, meinen Kiefer von Schmerzen zu befreien. Sechs Operationen benötigte er, um meinen Kiefer auszufräsen und so die Metallablagerungen und die daraus entstandenen Entzündungen, zu entfernen.

Wenn alles abgeheilt ist, hoffe ich neue künstliche Zähne zu bekommen.

Inzwischen war ich bei meiner Krankenkasse mit dem Bewilligungsantrag für meinen Zahnersatz. Da ich nur ein bestimmtes Material vertrage und dies nicht das übliche für Kassenpatienten ist, lehnt die Krankenkasse es ab, die Kosten hierfür zu übernehmen. Ich soll ihnen beweisen, warum die anderen Zähne entfernt werden mußten.

Vielleicht wäre es ratsam gewesen, die Verantwortlichen meiner Krankenkasse, in die Klinik zu holen, um ihnen vorzuführen, was mir passiert war, nachdem ich mein Gebiß sanieren ließ.

Auf jeden Fall steht mir ein neuer Kampf bevor und ich bin gespannt, ob ich in Zukunft Zähne tragen darf oder ob ich, wie meine Mutter es machte, ohne diese sein werde.

Mein Gesundheitszustand hatte sich inzwischen so gebessert, das ich mit Freunden kleine Ausflüge machen konnte. Es war schön, mit Menschen zusammen zu sein, die ehrlich und offen waren.

Bei einem dieser Ausflüge aß ich zum ersten Mal eine Folienkartoffel. Diese Kartoffel war nicht in meiner Rotationsdiät gewesen und schmeckte nach so langer Zeit besonders gut. Da sie mir gut bekam, registrierte ich es gleich als einen weiteren Fortschritt.

Einige Zeit später machte ich mit einer Freundin, die ich schon in England kennengelernt hatte und zu der ich ein besonders freundschaftliches Verhältnis entwickelt hatte, ein paar Tage Urlaub. Es durfte nicht so weit weg sein, damit ich jederzeit schnell in die Klinik gekonnte hätte. Aus diesem Grund wählten wir eine Insel in der Nähe der Klinik.

Wir mieteten uns eine kleine Wohnung, die für Allergiker geeignet war.

Alles, was ich für meine Rotationsdiät brauchte, nahm ich mit, denn wir machten uns unser Essen selber. Es machte Spaß gemeinsam zu kochen. Unser Essen schmeckte uns immer gut, denn die langen Spaziergänge in der frischen Luft machten uns hungrig, so daß unsere Töpfe immer leer wurden.

Es waren wunderschöne Tag die wir dort verbrachten. Ich habe es genossen am Wasser spazieren zu gehen, Fahrrad zu fahren und eine Wattwanderung mitzumachen.

Wir fanden dort sogar ein Restaurant mit vegetarischer Küche und zum ersten Mal ging ich einmal Essen, denn auf der Speisekarte waren Gerichte, die ich essen durfte. Das war ein großes Ereignis für mich, denn ich konnte mich schon gar nicht mehr daran erinnern, wann ich zum letzten Mal in einem Restaurant gegessen hatte.

Wir freuten uns beide sehr über den geglückten Urlaubsverlauf. Wenn es auch nur ein paar Tage gewesen waren.

Fest nahmen wir uns vor, gleiches zu wiederholen.

Ich denke, das diese Erlebnisse Balsam für meine Seele waren und zu meiner Genesung beitrugen.

Um auch anderen Erkrankten von dieser Behandlungsmöglichkeit wissen zu lassen, erzählte ich meine Geschichte Leuten von der Presse. Die veröffentlichten es dann. Die Verantwortlichen meiner Krankenkasse hörten auch davon und machten mir daraus den Vorwurf, das der Zeitungsartikel große Kreise um sich gezogen hätte und das sie dadurch jetzt erhebliche Probleme hätten. Ich denke, das jetzt viele Erkrankte diese Behandlung bezahlt haben wollten. Ab sofort wurden meine Medikamente nicht mehr bezahlt.

Nachdem ich mit meinem Arzt gesprochen hatte, der mir aber nicht weiterhelfen konnte, beantragte ich meinen Anwalt damit, die Kostenübernahme bei der Krankenkasse erneut durchzusetzen. Ob er es schafft, weiß ich nicht, aber ich hoffe es. So gibt es immer neue Probleme.

Ein Problem hat sich inzwischen gelöst. Mein Unterhalt ist gesichert, denn mein Mann ist inzwischen Rentner und damit bekomme ich auch meine Rentenanteile. So habe ich und mein Sohn Ruhe vor diesem Streitigkeiten.

Gerade habe ich noch eine gute Nachricht bekommen. Meine Krankenkasse ist bereit, sich an den Kosten für meine Zähne zu beteiligen. Also darf ich doch Zähne tragen.

Nach fast vier Jahren Behandlung in dieser Klinik hat sich mein Gesundheitszustand wesentlich gebessert, denn es geht mir, im Gegensatz zu dem Zustand den ich hatte bevor ich in dieser Klinik behandelt wurde, gut.

Wenn ich mich aber mit einem gesunden Menschen vergleiche, bin ich immer noch sehr krank, denn ich muß mit dieser Erkrankung weiterleben.

Tägliches Spritzen, sowie die Einhaltung meiner sehr eingeschränkten Rotationsdiät muß ich beibehalten, um meine Beschwerden und Schmerzen so niedrig wie möglich zu halten.

In die Klinik muß ich auch noch zweimal in der Woche fahren, um Infusionen zu bekommen. Auf der Fahrt in die Klinik, die ich mit dem Zug mache, muß ich oft das Abteil verlassen, weil andere Reisende Duftstoffe an sich haben, die bei mir starke Symptome hervorrufen. Ich habe aber gelernt damit umzugehen und bin froh, daß ich wieder mit dem Zug fahren kann, denn das war mir eine lange Zeit nicht möglich. Wenn es sein muß, spritze ich meine Impfstoffe auch im Zug.

Aufgezogene Spritzen habe ich immer griffbereit in der Tasche. Danach geht es mir dann wieder besser. Außerdem habe ich für Notfälle immer meinen Mundschutz mit.

Für den Fall, daß es mir einmal sehr schlecht gehen sollte, wenn ich unterwegs bin, habe ich mir ein Notarmband, auf dem die Telefonnummer von der Klinik, in der ich behandelt werde, eingraviert ist, anfertigen lassen, damit jeder Bescheid weiß und dort anruft, um zu erfahren, wie man mir helfen kann.

Ich habe mich mit meiner Krankheit arrangiert, weil es meiner Meinung nach der beste Weg ist, damit zu leben. Jammern und darauf warten, daß Andere meine Probleme lösen, ist meiner Meinung nach der schlechteste Weg.

Mein abgekochtes Wasser, das ich immer noch trinke, weil ich Tee, Kaffee oder sonstiges nicht trinken kann, schmeckt mir inzwischen schon gut. Und wenn ich mir mein Essen zubereitet haben und dann daran denke, wie viele Menschen auf dieser Welt hungern, komme ich mir wie eine Königin vor, denn mein Teller ist immer voll.

Natürlich hoffe ich, daß sich alle meine Beschwerden noch wesentlich verbessern und mein Speiseplan sich erweitert, wovon ich auch überzeugt bin, aber ich bin dankbar, daß ich es mit dieser Behandlung schon so weit gebracht habe.

Denn ich höre wieder, wenn ich spazieren gehe, wie die Vögel singen und alles um mich herum wächst, blüht und gedeiht. Ich spüre wieder das ich lebe und daß alles um mich herum lebt und das genieße ich jeden Tag so gut es geht.

Jede Jahreszeit liebe ich jetzt, was ich früher nicht konnte. Im Frühling erfreut es mich, wenn alles Leben um mich erwacht. In der Sonnenwärme des Sommers finde ich die Welt besonders schön, obwohl die direkte Sonnenbestrahlung meine Schmerzen verstärkt und ich Gewitter, wie Strom, schon lange, bevor es da ist, spüre.

Das bunte Laub im Herbst finde ich faszinierend. Es macht mir Freude darin herumzulaufen, wenn der Wind es durch die Luft wirbelt. Ich glaube, daß diese perfekte Farbmischung nur von der Natur selbst hergestellt werden kann.

Und den Winter sehe ich als Ruhepause für alles Leben, um dann im Frühling mit neuer Kraft zu erblühen.

Selbst das Rauschen des Sturmes in den Kronen der Bäume hat einen Platz in meinem Herzen gefunden. Ich freue mich, daß ich das alles wieder wahrnehmen kann, denn all dies war mir auf meinem langen Irrweg verloren gegangen.

Ich habe inzwischen gelernt all das zu sehen, was ich wieder kann.

Ich denke, daß das sehr wichtig ist, um nicht ständig den Dingen nachzutrauern, die man nicht mehr machen kann. Mir ist dabei aufgefallen, daß vieles von dem was ich jetzt mache, viel mehr Sinn für mich hat und mir daher mehr gibt. Ich hatte nur verlernt diese Dinge zu sehen, weil ich nicht mehr auf mein Gefühl gehört habe. Aber das kann man zum Glück wieder lernen.

Natürlich gibt es immer wieder Tage, an denen es mir wesentlich schlechter geht, aber ich weiß, daß es mit den Hilfsmitteln, die mir jetzt zur Verfügung stehen, wieder besser wird und diese Gewißheit hilft mir, über solche Tage hinweg zu kommen.

In meiner kleinen Wohnung fühle ich mich sehr wohl. Ich bin dort glücklich.

Die ganze Einrichtung ist aus Möbeln aus unterschiedlichsten Zeiten zusammen gewürfelt. Baumwolläufer, die ich einige Male ausgekocht habe, verzieren den alten Parkettfußboden.

Viele bunte Kissen, die ich mir aus Baumwollstoff, den ich vorher einige Male gewaschen hatte, genäht habe und künstliche Blumen, beleben das Ganze.

Ich kann leben in meiner Wohnung und das macht mich glücklich und zufrieden. Schön ist es jetzt auch für mich, daß ich lachen kann wenn ich glücklich bin, aber auch weinen, wenn es mir nicht so gut geht, ohne daß mich ständig einer beschimpft. Denn es ist mir sehr wichtig geworden, meine Gefühle zeigen zu dürfen.

Ein Fernsehgerät habe ich nicht, denn es bereitet mir immer noch starke Schmerzen und macht mir weiterhin andere Probleme. Da ich aber wieder lesen kann, vergeht kein Tag, ohne daß ich gelesen habe.

Es bereitet mir große Freude schöne Bücher zu lesen, aber auch das mußte ich erst wieder lernen. Denn mir hatte man immer nur gesagt, das Lesen Zeitverschwendung ist. Zeit, in der man viele nützliche Dinge machen könnte.

Handarbeiten, die ich wieder machen kann, erfreuen mich auch, obwohl das manchmal Probleme mit sich bringt, denn das Garn riecht oft so stark, daß ich es, bevor ich es verarbeite, erst waschen muß. Aber auch dies läßt sich machen.

Außerdem kann ich jetzt die Musik hören, die mir gefällt. All das gibt mir viel mehr, als der Druck auf den Knopf eines Fernsehgerätes. Ich habe mich bei all diesen Dingen wiedergefunden und freue mich zu jedem neu beginnenden Tag, denn er ist ein Geschenk für mich.

Ich lebe endlich nach meinem Gefühl. Wer weiß, vielleicht mußte ich erst so krank werden, um dies wieder zu können.

Traurig ist, daß ich durch diese Erkrankung, so isoliert leben muß. Denn Theater, Kino, Konzerte oder andere öffentliche Veranstaltungen kann ich nicht besuchen, weil überall Dinge sind, die bei mir Reaktionen hervorrufen.

Ich hoffe aber, daß ich auch das irgendwann wieder kann.

Meine Tochter und meine Enkelkinder besuchen mich aber regelmäßig und wir telefonieren fast jeden Tag. Ich habe schon immer gewußt, daß meine Kinder und Enkelkinder die größten Geschenke in meinem Leben waren. Doch jetzt wird mir dies besonders bewußt.

Sicher haben meine Kinder sehr darunter gelitten, mich immer krank zu sehen, so daß sie oft gar nicht mehr damit umgehen konnten. Um so mehr freue ich mich jetzt darüber, daß sie sehen dürfen, daß es mir wieder besser geht.

Auch zu meiner ältesten Schwester habe ich regelmäßigen Kontakt. Außerdem arbeite ich aktiv in einem Verein, den wir gegründet haben, um anderen Betroffenen zu helfen. Viele rufen bei mir an, um Rat zu bekommen.

Regen Briefkontakt habe ich nach England, denn Mitpatienten, die ich dort in der Klinik kennengelernt habe, schreiben mir immer noch. So ist mein Tag immer zu kurz, denn ich kann gar nicht alles schaffen, was ich machen möchte.

Ich freue mich darüber, daß mein Tag so ausgefüllt ist und bin jeden Abend dankbar dafür, daß ich schon wieder soviel machen kann.

Es ist noch gar nicht so lange her, da habe ich jeden Abend gedacht, Gott sei Dank, der Tag ist wieder herum. Jetzt denke ich jeden Abend, schade, schon wieder ein Tag vorbei.

Da ich auch immer noch zweimal in der Woche in die Klinik fahre um Infusionen zu bekommen, kann ich auch dort, wenn es sein muß, um Hilfe bitten. In dem Jahr der stationären Behandlung und dem damaligen Gefühl, das man mich alleine gelassen hatte, war diese Klinik damals mein zu Hause.

Wenn ich jetzt hinfahre, um Infusionen zu bekommen oder nachgetestet zu werden, habe ich das Gefühl, daß ich meine Familie besuche. Das gibt mir Sicherheit, denn ich weiß, daß mir dort jede mögliche Hilfe gegeben wird. Das gesamte Personal ist immer bereit, bei Sorgen und Problemen zu helfen.

Außerdem habe ich inzwischen einige Freunde, mit denen ich gerne telefoniere. Auch das ist oft hilfreich.

Ich habe mich oft in meinem Leben für das geschämt, was andere mit mir gemacht haben. Inzwischen habe ich begriffen, daß nicht ich mich schämen muß, sondern die Personen, die für den unglücklichen Verlauf meines Lebens verantwortlich waren.

Viel gelernt habe ich sicher, bei all den Dingen die mir im Leben begegnet sind und ich hoffe, daß mir das Erlernte in der Zukunft nützlich sein wird.

Mein Leben ist bestimmt nicht so verlaufen, wie ich es mir gewünscht hätte. Sollte mir aber jemand sein Leben anbieten, um mit meinem zu tauschen, würde ich es ablehnen, denn ich hätte Angst, die glücklichen Augenblicke meines Lebens zu verlieren.

NACHWORT

Inzwischen sind schon wieder mehrere Monate vergangen, und ich möchte noch kurz über diese Zeit berichten.

Ich habe einen wunderschönen Sommer erlebt. Nach über zwanzig Jahren war es mir zum ersten Mal wieder möglich, mit dem Fahrrad an den Strand zu fahren und mehrmals täglich in der Ostsee zu schwimmen. Immerhin fuhr ich so täglich etwas über vierzig Kilometer mit dem Rad, das war überwältigend für mich.

Einen längeren Urlaub verbrachte ich mit meiner Freundin auf der Insel, auf der wir im letzten Jahr ein paar Tage gewesen waren. Es ging mir dort um einiges besser, so daß ich es zum ersten Mal wagte, von meinem fest vorgegebenen Essensplan abzuweichen. Diese Veränderungen bei meiner Ernährung ließ meine Urlaubsstimmung noch ansteigen. Seitdem hat sich mein Rotationsplan sehr erweitert.

Im Spätsommer traf ich einen Mann, in dem ich einen Partner gefunden habe. Ich erlebe mit ihm zusammen Dinge, von denen ich früher nur geträumt habe.

Nachdem mich inzwischen fast alle vergessen hatten, wurde die Anteilnahme meiner Mitmenschen plötzlich wieder sehr groß. Fast alle wußten besser als ich selbst, was gut für mich ist. Und daß ein kranker Mensch einen neuen Partner hat, konnte man schon gar nicht verstehen. Krank sein, so habe ich es verstanden, heißt bei Gesunden dann wohl, gleichzeitig für immer einsam zu sein.

Ich frage mich, woher Menschen, die nicht einmal erkennen, daß ein Tag ohne Schmerzen und ein Tag, an dem man sich satt essen kann, ein Geschenk ist, das Recht nehmen zu entscheiden, was gut für andere ist.

Ich jedenfalls habe es anders erfahren. Durch die schönen Dinge die ich in dieser Partnerschaft erlebe, bin ich seelisch in einer besseren Verfassung, so daß mein Gesamtzustand dadurch positiv beeinflußt wird.

Seit einiger Zeit versuche ich, ohne Infusionen auszukommen. Im Moment geht es.

Sollte es wieder einmal anders sein, weiß ich trotzdem, daß ich einen riesen Schritt auf dem Weg zu meiner Gesundung gemacht habe.